机器人创意与编程　　　　　JIQIRENCHUANGYIYUBIANCHENG

共6册

机器人
创意与编程（二）

第12册　**Arduino机器人控制**

谭立新　刘开新　著

北京理工大学出版社
BEIJING INSTITUTE OF TECHNOLOGY PRESS

内 容 提 要

本套教材体系上符合人工智能进入中小学编程教育的主要技术框架，内容上涵盖了机械结构、电子电路、Mixly 图形化编程、C 语言程序设计基础知识、Arduino C 代码编程、智能硬件应用、传感器应用、红外通信等方面的知识与实践。

本教材内容尽量简化了文字语言，最大限度地使用图形语言，力求适应不同年龄段的小学生认识事物与理解事物的特点。

图书在版编目（C I P）数据

机器人创意与编程. 二 共 6 册 / 谭立新，刘开新著
. -- 北京 ：北京理工大学出版社，2024.5
ISBN 978 - 7 -5763 - 3985 - 7

Ⅰ. ①机… Ⅱ. ①谭… ②刘… Ⅲ. ①机器人 – 程序
设计 – 中小学 – 教材 Ⅳ. ①G634.931

中国国家版本馆 CIP 数据核字（2024）第 097367 号

责任编辑：钟　博　　　文案编辑：钟　博
责任校对：周瑞红　　　责任印制：施胜娟

出版发行 / 北京理工大学出版社有限责任公司
社　　址 / 北京市丰台区四合庄路 6 号
邮　　编 / 100070
电　　话 / (010) 68914026（教材售后服务热线）
　　　　　　（010) 68944437（课件资源服务热线）
网　　址 / http://www.bitpress.com.cn

版 印 次 / 2024 年 5 月第 1 版第 1 次印刷
印　　刷 / 河北盛世彩捷印刷有限公司
开　　本 / 889 mm×1194 mm　1/16
印　　张 / 49.75
字　　数 / 1046 千字
总 定 价 / 468.00 元（共 6 册）

前　言

　　机器人是一个融合机械、电子、计算机、智能控制、互联网、通信、人工智能等诸多技术的综合体，对未来学科启蒙意义重大。随着国家教育体制改革的不断深化，中小学开设以机器人为载体的新一代信息科技课程越来越受到高度重视。

　　众所周知，机器人技术中的任何一门学科都应该是中专及以上院校开设的课程，对于中小学生特别是小学生来说有什么意义呢？这就好比汉语言文学专业，它是我国大学史上最早开设的专业之一，可是从来没有哪一位学生是在考入大学的这一专业后才开始学习说话和写字的，也没有哪一位学生是在牙牙学语时便学习音韵、语法和修辞课程的。

　　本套《机器人创意与编程》教材立足于既要解决像汉语言文学专业的学生不需要从零开始学习"说话"和"写字"的问题，又尽量处理好像婴儿在牙牙学语时的"语法"与"修辞"的难题。

　　本套教材依据中国电子学会推出的《全国青少年机器人技术等级考试标准》，对课程体系的组织与安排充分注重教学内容的系统性、教学阶段的差异性、教学形式的趣味性和手脑并重的创意性。本套教材按照《全国青少年机器人技术等级考试标准》，体系上符合人工智能进入中小学编程教育的主要技术框架，内容上涵盖了机械结构、电子电路、软件编程、智能硬件应用、传感器应用、通信等方面的知识与实践。

　　本套教材共 12 册，适用对象为小学 1~6 年级的学生，其中 9~12 册也适合 7~9 年级学生学习。

　　1~4 册，主要通过积木模型介绍机械结构方面的知识，对应 1~2 年级的学生及一、二级等级考试；

　　5~8 册，主要介绍 Mixly 图形化编程、电子电路、智能硬件及传感器的应用等知识，对应 3~4 年级的学生及三级等级考试；

　　9~12 册，主要介绍 C 语言代码编程、电子电路、智能硬件及传感器的应用、红外通信等知识，对应 5~6 年级的学生及四级等级考试。

　　每册教材原则上按单元划分教学内容，即每个单元具有相对独立的知识点。为了便于学生学习与记忆，1~4 册每课的知识点在目录中用副标题标出；5~12 册每课的标题除应用型项目外，原则上用所学知识点直接标出。

　　中小学生机器人技术课程开发是一个全新的领域。由于编者水平有限，不妥和疏漏之处在所难免，敬请广大读者提出宝贵的意见和建议。

编　者

目　　录

第1单元
超声波传感器与数组

- 超声波传感器的基本工作原理
- 超声波传感器的应用
- 认识一维数组

第1课

超声波测距

1.1 基本要点

在 Mixly 图形化编程课程中，我们已经接触过超声波传感器。现在，进一步了解超声波传感器的基本工作原理，以及超声波测距的编程方法。

1.1.1 超声波传感器的基本工作原理

超声波传感器是一种通过发射超声波探测物体的传感器。我们在学习中使用的超声波传感器如图 1-1 所示。

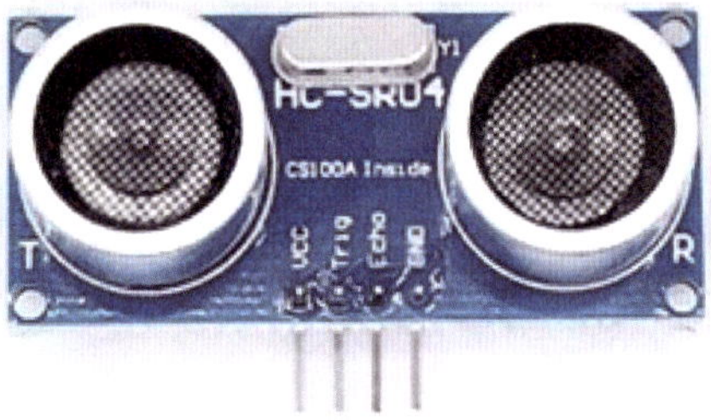

1. 超声波传感器测距

超声波传感器有一个超声波发射器和一个超声波接收器。
图 1-1　HC-SR04 超声波传感器

发射器探头向前方发射一束超声波，这束超声波遇到前方障碍物后反射回来，超声波接收器接收反射回来的超声波，然后输出这束超声波往返的时间 t（μs），如图 1-2 所示。

```
发射  0  （开始发射时间）                      障
                                            碍
返回                                          物
      t  （返回时间）
```

图 1-2　超声波在空气中传播的时间示意

超声波在空气中的传播速度为 $v = 340$ m/s。"超声波测距"模块根据超声波传播的速度和时间就能计算出超声波传感器与障碍物之间的距离，即 $s = v \times t$。

2. 超声波传感器的工作参数与引脚

1）工作参数

工作电压：3～5.5 V；

感应角度：小于 15°；

探测距离：2～450 cm。

2）引脚

VCC：电源 5 V；

GND：电源地；

Trig：发射单元引脚；

Echo：接收单元引脚。

3. 距离计算

已知超声波从发射到接收的时间为 t μs，超声波在空气中传播的速度为 $v = 340$ m/s。将 v 的单位换算为 cm/μs，则超声波传感器到被测物体的距离为

$$
\begin{aligned}
s &= v \times t/2 \\
&= (340 \times 100/1000000) \times t/2 \\
&= t/58(\text{cm})
\end{aligned}
$$

1.1.2 pulseIn( )函数

pulseIn( )函数是 Arduino 的一个内建函数。它的功能是读取一个引脚的脉冲。

pulseIn( )函数的一般形式如下。

```
pulseIn(pin,value)
pulseIn(pin,value,time)
```

函数参数说明如下。

pin 为超声波传感器的接收引脚 Echo 与主控板连接的引脚号。

value 为要读取的引脚的脉冲类型（HIGH 或 LOW）。

time 为指定脉冲计数的等待时间，单位为 μs。默认值为 1 s。这是一个可选参数。

pulseIn( )函数的返回值为脉冲的时长，单位为 μs。如果超时则函数返回值为 0。

例如，读取超声波传感器 Echo(5)的高电平脉冲，函数调用形式为 pulseIn(3,HIGH)。

1.2 应用示例

【示例 1-1】 用超声波传感器测算超声波传感器到物体的距离，并在串口监视器显示出来。

1. 分析

根据超声波传感器的工作原理，进行如下设计。

（1）定义超声波传感器发射引脚 trigPin 的工作模式为 OUPUT，接收引脚 echoPin 的工作模式为 INPUT。

（2）调用 digitalWrite( )函数发射超声波。

（3）调用 pulseIn( )函数读取回波信号到达的时间 t。

（4）计算距离。

2. 源程序

程序代码如下。

```
/*示例程序 1-1*/
```

```
const int trigPin = 2;                    //声明发射引脚
const int echoPin = 3;                    //声明接收引脚
float d;
void setup() {
  Serial.begin(9600);
  pinMode(trigPin,OUTPUT);                //定义发射引脚模式
  pinMode(echoPin,INPUT);                 //定义接收引脚模式
}

void loop() {
  digitalWrite(trigPin,LOW);              //拉低发射引脚
  delayMicroseconds(2);                   //延时 2 μs
  digitalWrite(trigPin,HIGH);             //发射超声波
  delayMicroseconds(10);                  //延时 10 μs
  digitalWrite(trigPin,LOW);
  d = pulseIn(echoPin,HIGH)/58.0;         //计算距离

  Serial.print("d = ");
  Serial.print(d);
  Serial.println("cm");
  delay(1000);
}
```

说明：在源代码中，delayMicroseconds( )为微秒延时函数；由于距离计算为两数相除，所以变量 d 的数据类型应为 float 型。

3. 搭设电路

将超声波传感器插在教学小车左前部的 JS6 引脚接口上，从 JS5 引脚接口将超声波传感器的引脚 VCC、Trig、Echo、GND 依次连接主控板的引脚 5 V、2、3、GND，如图 1 – 3 所示。

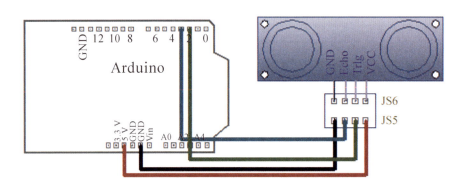

图 1 – 3　示例程序 1 – 1 电路搭设示意

4. 运行程序

上传程序到主控板，利用 USB 数据线为主控板供电。

将超声波传感器对准被测物体，在串口监视器查看超声波传感器与物体间的距离，然后可以用直尺或卷尺进行检验。

注意：由于超声波测距是利用超声波的往返时间 t 推算的，所以当超声波反射的路径发生改

变时，测算的结果是一个不可信的距离，如图 1-4 所示。

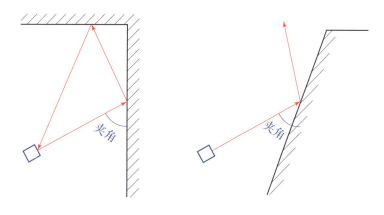

图 1-4　被测物体可能产生的反射波示意

1.3　编程实训

【实训 1-1】　用触碰传感器控制超声波传感器测量超声波传感器到 5 个不同位置的物体的距离，并把它们记录下来，然后在串口监视器显示。

1. 分析

用触碰传感器对超声波传感器进行控制，按下触碰传感器后超声波传感器开始测距，然后将超声波传感器到不同物体的距离存入 5 个变量 d1～d5。

用变量 i 计数，每测算超声波传感器到一个物体的距离就存入一个变量 di。

2. 源代码

程序代码如下。

```
/*实训程序 1-1*/
const int trigPin = 2;           //声明发射引脚
const int echoPin = 3;           //声明接收引脚
const int Touch = 7;             //声明触碰传感器引脚
float d,d1,d2,d3,d4,d5;
int touch,i = 0;
void setup() {
  Serial.begin(9600);
  pinMode(trigPin,OUTPUT);       //定义发射引脚模式
  pinMode(echoPin,INPUT);        //定义接收引脚模式
  pinMode(touch,INPUT);          //定义触碰传感器引脚模式
}

void loop() {
  touch = digitalRead(Touch);
  delay(200);
  if(touch == 0)
  {
    i ++ ;
```

```
digitalWrite(trigPin,LOW);       //拉低发射引脚
delayMicroseconds(2);            //延时2μs
digitalWrite(trigPin,HIGH);      //发射超声波
delayMicroseconds(10);           //延时10μs
digitalWrite(trigPin,LOW);
d = pulseIn(echoPin,HIGH)/58.0;  //计算距离

if(i ==1)
{
  d1 = d;
  Serial.print("d1 = ");
  Serial.println(d1);
  delay(100);
}
else if(i ==2)
{
  d2 = d;
  Serial.print("d2 = ");
  Serial.println(d2);
  delay(100);
}
else if(i ==3)
{
  d3 = d;
  Serial.print("d3 = ");
  Serial.println(d3);
  delay(100);
}
else if(i ==4)
{
  d4 = d;
  Serial.print("d4 = ");
  Serial.println(d4);
}
else if(i ==5)
{
  d5 = d;
  Serial.print("d5 = ");
  Serial.println(d5);
  Serial.println("********");
  i = 0;                          //i清零后准备下一轮测算
}
    }
  }
}
```

说明：计数器 i 的作用是保证将每次测算的数据存入不同的变量。

3. 搭设电路

在示例程序 1 – 1 的电路中，将触碰传感器插在面包板上。它的信号引脚 OUT 连接主控板的引脚 7；接地引脚 GND 连接主控板的引脚 GND；电源引脚 VCC 通过面包板与超声波传感器的电

源引脚连接，再将它们连接主控板的电源引脚 5 V，如图 1 – 5 所示。

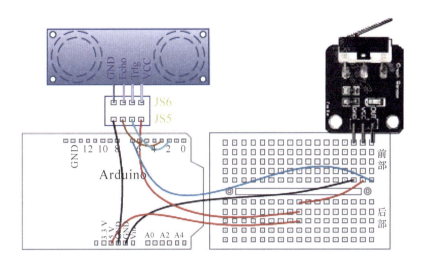

图 1 – 5　实训程序 1 – 1 电路搭设示意

4. 运行程序

上传程序，利用 USB 数据线为主控板供电。

打开串口监视器，查看测距结果。测距时可以用手在超声波传感器前面移动到不同的位置，得到不同的测算数据。

实训程序 1 – 1 运行效果如图 1 – 6 所示。

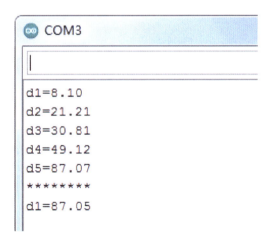

图 1 – 6　实训程序 1 – 1 运行效果

 课后练习

1. 超声波传感器的基本工作原理是什么？

2. HC – SRO4 超声波传感器的感应角度和测距范围分别是多少？

3. 函数 pulseIn(3,HIGH)、pulseIn(3,LOW)的功能分别是什么？

4. 超声波传感器测得其到某物体的距离为 200 cm，则超声波从超声波传感器到障碍物的传播时间为（　　）μs。

    A. 11600　　　　　　　　　　　B. 5800

    C. 2900　　　　　　　　　　　D. 1450

5. 编写程序：用超声波传感器测算它与两个物体之间的距离，然后计算它们的平均值。

第2课

迎宾机器人

【项目2-1】 制作一个超市的迎宾机器人。当顾客进入超市时迎宾机器人说"欢迎光临"，当顾客离开超市时迎宾机器人说"谢谢光临"。

2.1 项目要点

1. 项目意义

掌握超声波传感器的使用方法；通过项目程序设计，培养对具体问题进行分析，对多种条件进行判断的能力。

2. 项目分析

现在，很多超市都有迎宾机器人。当顾客进门时迎宾机器人会说"欢迎光临"，但是顾客进门后只要还没出去，迎宾机器人就不会再说话了。

为了让迎宾机器人在顾客进门时说"欢迎光临"，在顾客出门时说"谢谢光临"，只要将下面的关系（条件）理顺就行了。

1）顾客是进来还是出去

用超声波传感器测距，当距离越来越小时说明顾客是从外面进来；如果距离越来越大，则说明顾客是从里面出去。

2）是在门内越来越近还是在门外越来越近

确定从超声波传感器到门的距离如 D，顾客当前距超声波传感器的距离为 d1，上一次距超声波传感器的距离为 d2。

（1）如果 d1 < D&&d2 > D，说明顾客正从外面进来；

（2）如果 d1 > D&&d2 < D，说明顾客正从里面出去。

本项目使用 MP3 模块播放语音。

2.2 编写程序

1. 编程思路

（1）用超声波传感器测算它与顾客的距离

用变量 d1 记录顾客当前距超声波传感器的距离，用变量 d2 记录顾客上一次距超声波传感器的距离。

（2）确定测距的范围。

（3）判断顾客的进出行为。

（4）根据条件判断播放语音。

2. 源代码

程序代码如下。

```
/*实训程序 2-1*/
#include <DFRobotDFPlayerMini.h>      //包含 MP3 库
DFRobotDFPlayerMini myMp3;            //声明 MP3 库的对象

const int trigPin =2;                //声明发射引脚
const int echoPin =3;                //声明接收引脚
int ,d1 =0,d2 =0,nD =20,mD =40,D =30;

void setup() {
  Serial.begin(9600);
  pinMode(trigPin,OUTPUT);     //定义发射引脚模式
  pinMode(echoPin,INPUT);      //定义接收引脚模式

  myMp3.begin(Serial);                //建立与 MP3 模块的通信
  myMp3.volume(25);                   //设置播放音量
}

void loop() {
  digitalWrite(trigPin,LOW);     //拉低发射引脚
  delayMicroseconds(2);          //延时 2μs
  digitalWrite(trigPin,HIGH);    //发射超声波
  delayMicroseconds(10);         //延时 10μs
  digitalWrite(trigPin,LOW);
  d1 =pulseIn(echoPin,HIGH)/58.0; //计算距离

  if(d1 >=nD&&d1 <=mD)
  {
    if(d1 <d2&&d1 <D&&d2 >D)
    {
      myMp3.playMp3Folder(13);        //播放:欢迎光临
      delay(2000);
      d2 =d1;
    }
    else if(d1 >d2&&d1 >D&&d2 <D)
    {
      myMp3.playMp3Folder(14);        //播放:谢谢光临
      delay(2000);
      d2 =d1;
    }
  }
}
```

3. 程序注解

1）函数首部

（1）变量 d1 为当前探测的距离，变量 d2 为上一次探测的距离。变量的数据类型为整型，前面课程中声明为浮点型数据，这里用 int 表示对小数进行取整，以便于后面数据之间的比较。

（2）变量 nD 为限定探测的最小距离，mD 为限定探测的最大距离，意义见后面的注解。

（3）变量 D 表示"门"的位置，用于判断顾客进出门的状态。

2）setup( )函数

Serial. begin(9600)，用于建立主控板的串口通信。

myMp3. begin(Serial)，用于建立主控板与 MP3 模块的通信。

3）loop( )函数

（1）d1 = pulseIn(echoPin,HIGH)/58.0。

用 pulseIn( )函数从超声波传感器接收引脚 Echo 读取超声波传回的时间，计算探测的距离。

（2）if(d1 >= nD&&d1 <= mD)。

用条件表达式 d1 >= nD&&d1 <= mD 划定超声波传感器探测距离的范围，即 20~40 cm。它的作用是排除离门较远的目标的干扰，更重要的是用于后面语句中判断顾客的状态是进门还是出门。

（3）if(d1 < d2&&d1 < D&&d2 > D)。

条件表达式中 D 为门的位置，d1 < d2 判断顾客是否正在进门；d1 < D&&d2 > D 表示顾客从门的外面进到了门的里面。

接下来的语句是播放语音"欢迎光临"，然后将当前的探测值赋给 d2，即 d2 = d1，用于下一次比较。

（4）if(d1 > d2&&d1 > D&&d2 < D)。

用于判断顾客是否正在离开。

2.3 项目体验

1. 制作语音

（1）用布谷鸟配音软件制作语音文件："欢迎光临""谢谢光临"。

（2）命名"欢迎光临"语音文件为"0006. mp3"，命名"谢谢光临"语音文件为"0007. mp3"。

（3）将语音文件存入 SD 卡的"mp3"文件夹，然后插入 MP3 模块。

2. 搭设电路

1）连接超声波传感器

连接方法见第 1 课的图 1-3。

2）连接 MP3 模块

将 MP3 模块插入转接板。转接板可以固定在教学小车上，也可以放置在教学小车附近的适当位置。

转接板的引脚 RX、TX 依次连接主控板的引脚 0、1，电源引脚 V 连接教学小车的电源引脚 VCC，接地引脚 G 连接主控板的引脚 GND。

超声波传感器与 MP3 模块电路搭设示意如图 2－1 所示。

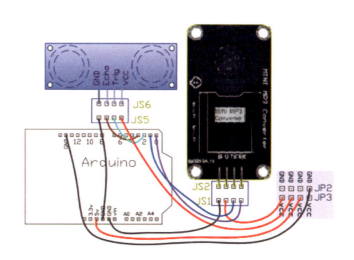

图 2－1　超声波传感器与 MP3 模块电路搭设示意

3. 运行程序

（1）上传程序（注意先取下主控板的引脚 0、1 上的跳线）。

（2）确定"门"的位置。在距离超声波传感器前方 30 cm 的位置做一个标记，表示"门"的位置，如图 2－2 所示。

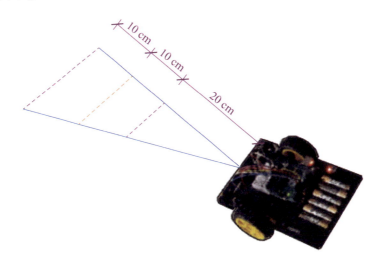

图 2－2　项目体验示意

（3）用手在距离传感器 30 cm 的位置前后移动。当手从 30 cm 外靠近超声波传感器时，迎宾机器人说"欢迎光临"；当手从 30 cm 内向外移动时，迎宾机器人说"谢谢光临"；将手在 30 cm 内（不超过 30 cm）移动时，迎宾机器人没有反应。

1. 如图 2 – 3 所示，用超声波传感器测量它到 3 个物体 A、B、C 的距离 D_A，D_B，D_C，它们之间的关系为（　　　）。

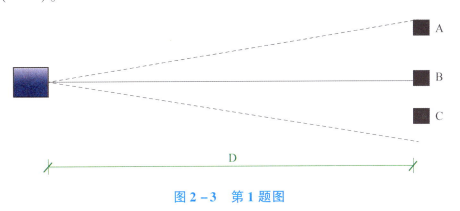

图 2 – 3　第 1 题图

A. $D_A = D_B = D_C$　　　　　　　　　　B. $D_A > D_B > D_C$

C. $D_A > D_C > D_B$　　　　　　　　　　D. $D_A = D_C > D_B$

2. 编写程序：用超声波传感器测距，当测得它到物体的距离小于 1.5 m 时点亮绿色 LED 灯，当测得它到物体的距离大于等于 1.5 m 时点亮红色 LED 灯。

第**3**课

穿越障碍

【项目 3 – 1】 用超声波传感器制作一个能从多个障碍物中穿越出去的机器人。

3.1 项目要点

1. 项目意义

掌握多个超声波传感器的使用方法，正确处理超声波传感器获取的多路外部信息。

2. 项目分析

机器人穿越多个障碍物，至少需要左、右 2 路超声波传感器。本项目使用 2 个超声波传感器，分别安装在教学小车前端的左、右两边。

2 路超声波传感器分别探测它们到前方左、右障碍物的距离，控制机器人的行进方向，如图 3 – 1 所示。

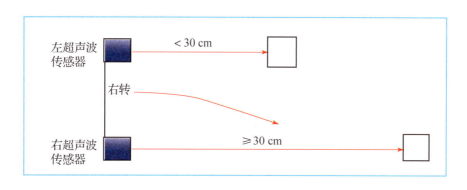

图 3 – 1　探测信息处理示意

（1）直行：当左、右超声波传感器的探测距离 ≥ 30 cm 时，认为前面没有障碍物，机器人前行。

（2）右转：当左超声波传感器的探测距离 < 30 cm 时，右超声波传感器的探测距离 ≥ 30 cm 时，机器人右转。

（3）左转：与右转情况相反时左转。

（4）后退：当左、右超声波传感器的探测距离 < 30 cm 时，机器人适当倒退。

3.2 编写程序

1. 编程思路

根据项目分析，对机器人穿越障碍物时可能产生的 4 种运动状态用 if 语句分别进行判断，然后控制机器人做相应的运动。

在程序中，分别用自定义函数实现超声波测距功能和电动机运动控制功能。

2. 源代码

程序代码如下。

```
/*项目程序 3-1*/
const int echoL=9;              //声明超声波传感器发射引脚
const int trigL=10;             //与接收引脚
const int echoR=11;
const int trigR=12;

const int mL_IN1=3;             //声明左、右电动机引脚
const int mL_IN2=4;
const int mL_EN=5;
const int mR_IN3=7;
const int mR_IN4=8;
const int mR_EN=6;

int d1,d2;

void setup() {
  pinMode(trigL,OUTPUT);        //定义超声波传感器引脚工作模式
  pinMode(echoL,INPUT);
  pinMode(trigR,OUTPUT);
  pinMode(echoR,INPUT);

  pinMode(mL_IN1,OUTPUT);       //定义电动机引脚工作模式
  pinMode(mL_IN2,OUTPUT);
  pinMode(mR_IN3,OUTPUT);
  pinMode(mR_IN4,OUTPUT);
}

void loop() {
  d1=dF(trigL,echoL);           //调用 dF() 函数获取超声波传感器到障碍物距离
  d2=dF(trigR,echoR);

  if(d1>=30&&d2>=30)            //直行
  {
    mF(1,100);                  //调用 mF() 函数驱动电动机(下同)
    mF(2,-100);
  }
  if(d1<30&&d2>=30)            //右转
```

```
    {
      mF(1,100);
      mF(2,0);
    }
    if(d1>=30&&d2<30)            //左转
    {
      mF(1,0);
      mF(2,-100);
    }
    if(d1<30&&d2<30)             //后退
    {
      mF(1,-100);
      mF(2,100);
      delay(500);
    }
}


int dF(int trig_LorR,int echo_LorR)      //超声波测距函数
{
    int d;
    digitalWrite(trig_LorR,LOW);         //拉低发射引脚
    delayMicroseconds(2);                //延时2 μs
    digitalWrite(trig_LorR,HIGH);        //发射超声波
    delayMicroseconds(10);               //延时10 μs
    digitalWrite(trig_LorR,LOW);
    d=pulseIn(echo_LorR,HIGH)/58.0;      //计算超声波传感器到障碍物距离
    return d;
}

void mF(int Motor,int Speed)             //电动机运动控制函数
{
    int IN1,IN2,EN;
    if(Motor==1)                         //1代表左电动机
    {
      IN1=mL_IN1;                        //将左电动机引脚号赋给右边的变量
      IN2=mL_IN2;
      EN=mL_EN;
    }
    else if(Motor==2)                    //2代表右电动机
    {
      IN1=mR_IN3;                        //将右电动机引脚号赋给右边的变量
      IN2=mR_IN4;
      EN=mR_EN;
    }

    if(Speed>0)
    {
      digitalWrite(IN1,HIGH);
      digitalWrite(IN2,LOW);
      analogWrite(EN,Speed);
```

```
        }
        else if(Speed < 0)
        {
            digitalWrite(IN1,LOW);
            digitalWrite(IN2,HIGH);
            analogWrite(EN,-Speed);
        }
        else if(Speed == 0)
        {
            digitalWrite(IN1,LOW);
            digitalWrite(IN2,LOW);
        }
}
```

3. 程序注解

1）函数首部

函数首部分别声明了左、右超声波传感器引脚，左、右电动机引脚及超声波测距变量。

2）setup( )函数

setup( )函数分别定义了超声波传感器发射引脚与接收引脚的工作模式及电动机方向引脚的工作模式。

3）loop( )函数

（1）d1 = dF(trigL,echoL)。

调用 dF( )函数获取左超声波传感器到障碍物的距离 d1。函数的第一个参数 trigL 为左超声波传感器发射引脚号，第二个参数 echoL 为左超声波传感器接收引脚号。这些引脚号已在函数首部进行了声明。

（2）d2 = dF(trigR,echoR)。

与上一条语句的作用相同。d2 为右超声波传感器的探测距离，两个参数分别为右超声波传感器对应的引脚号。

接下来，4 个 if 语句分别根据左、右超声波传感器测距的结果，对可能存在的 4 种情况进行判断，然后调用电动机驱动函数实现对电动机的控制功能。以第一个 if 语句为例说明如下。

if(d1 >= 30&&d2 >= 30)，判断前方左、右是否都没有障碍物，如果没有则机器人直行。

mF(1,100)，调用电动机驱动函数 mF( )驱动左电动机。第一个参数"1"为电机号，1 代表左电动机，2 代表右电动机；第二个参数"100"为电动机速度，正号表示正转（前进），负号表示反转（后退）

mF(2,-100)，调用同一个函数驱动右电动机（2 号）。

4）dF( )函数

左、右超声波传感器共用 dF( )函数。dF( )函数的形参在这个函数被调用时接收主调函数传递的实参。

在 dF(int trig_LorR,int echo_LorR)函数中，第一个形参 trig_LorR 为左超声波传感器或右超声波传感器的发射引脚号，第二个形参 echo_LorR 为超声波传感器的接收引脚号。当接收的两个参数为左超声波传感器引脚号时，探测到左前方障碍物的距离；为右超声波传感器引脚号时，探测到右前方障碍物的距离。

函数底部用函数值返回语句 return 返回距离值给主调函数，如图 3-2 所示。

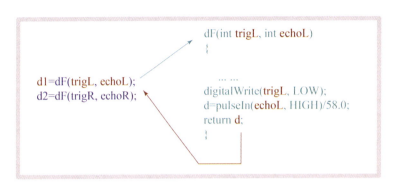

图 3-2　左超声波传感器函数调用示意

5）mF( ) 函数

mF( ) 函数调用的原理与 dF( ) 函数调用相同。

当电动机号的变量 Motor 为 1 时，在函数内将左电动机的 3 个引脚相应地赋给 IN1、IN2、EN；当电动机号的变量 Motor 为 2 时，重新将右电动机的 3 个引脚号赋给这 3 个变量。

3.3　项目体验

1. 搭建电路

1）连接教学小车电动机

将教学小车左前方 JP1 的电动机引脚 IN1、IN2、EN1、EN2、IN3、IN4 依次连接主控板的引脚 3、4、5、6、7、8。

2）连接左超声波传感器

将超声波传感器插在 JS6 引脚接口上，超声波引脚 GND、Echo、Trig 依次连接主控板的引脚 GND、11、12，电源引脚 VCC 连接教学小车的电源引脚 VCC。

3）连接右超声波传感器

将超声波传感器插在 JS2 引脚接口上，超声波引脚 GND、Echo、Trig 依次连接主控板的引脚 GND、9、10，电源引脚 VCC 连接教学小车的电源引脚 VCC。

4）连接电源

将教学小车的电源引脚 VCC、GND 依次连接主控板的电源引脚 5 V、GND。

项目程序 3-1 电路搭设示意如图 3-3 所示。

2. 运行程序

上传程序。

在实训室或适当宽敞的地方，设置一些障碍物，然后让机器人从障碍物中穿越过去，如图 3-4 所示。

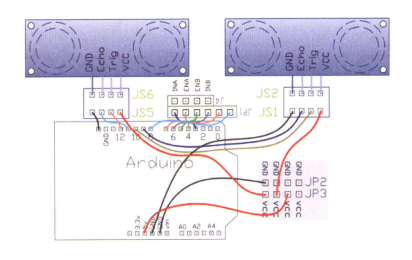

图 3 - 3　项目程序 3 - 1 电路搭设示意

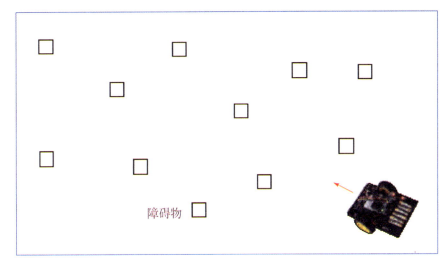

图 3 - 4　项目 3 - 1 场地示意

说明如下。

可以使用空的矿泉水瓶作为障碍物，然后装上自来水以增加其稳定性，也可以使用其他合适的物体。

障碍物的多少和摆放没有具体的限制，障碍物之间的距离适当大于小车的宽度即可。

课后练习

1. 说一说：项目程序 3 - 1 中，为什么左、右电动机可以共用一个电动机驱动函数 mF( ) 而不会影响两个电动机的运行？

2. 编写程序：用一个自定义函数实现两个超声波传感器测距的功能，在 loop( ) 函数中调用这个函数，并将两个超声波传感器测距的结果在串口监视器中打印出来。

第4课

认识数组

4.1 基本要点

1. 数组的概念

在数值计算和非数值计算应用中，会大量遇到一组组有规律的同类型数据，例如，对某个班级 45 名同学的成绩排序、用超声波传感器测算 50 个数据后找出其中的最大值等。完成这些运算操作需要分别设置 45 个分数变量或 50 个距离变量，如果这些数据多到成千上万个，而又不能用同一语句进行处理，这将是一件无法想象的事情。

C 语言提供了一种构造类型数据，即数组。

数组是一种构造类型数据，它由一组下标变量组成。

用数组存储数据，就可以通过循环改变下标值来对各变量进行相同操作的重复处理，使程序变得简明清晰。

数组必须先定义，后使用。

2. 数组的声明和初始化

数组有一维数组、二维数组、三维数组等。这里只对一维数组做一些了解。

1）一维数组的定义

一维数组定义的一般形式如下。

> 类型名　数组名［数组长度］；

（1）类型名，指数组元素的取值类型。对于同一个数组，它的所有元素的数据类型都是相同的。

（2）数组名，指数组的名称。数组的命名规则和变量的命名规则相同。

（3）数组长度，指数组元素的个数，用一对方括号"［］"括起来。

例如，定义一个数组：int　a［5］。

这个数组的类型为整型（int 型）；数组名为 a，读作"数组 a"；数组长度为 5，表示这个数组共有 5 个元素，即

$$a[0]、a[1]、a[2]、a[3]、a[4]$$

其中 0~4 叫作下标。C 语言规定，数组元素的下标一律从 0 开始以升序连续排列。数组 a 的下标

范围为 0~4。

2）一维数组的初始化

一维数组初始化的一般形式如下。

类型名　数组名［数组长度］=｛元素初值列表｝；

进一维数组的初始化时，在数组定义形式的后面用一对花括号列出数组所有元素的初值，每个元素用逗号隔开，然后用赋值运算符"="将所有元素的初值赋给数组 a。例如：

int　a［10］=｛1,2,3,4,5,6,7,8,9,10｝；

注意，即使数组中元素的初值都相同，也要一一列出，例如：

float　f［5］=｛0.3, 0.3, 0.3, 0.3, 0.3｝；

3. 一维数组元素的引用

一维数组元素的引用形式如下。

数组名［下标］

数组元素的下标为整型表达式，用它确定所引用元素的序号。注意，引用数组时下标不能越界，最大引用的下标值等于定义的数组长度减 1。如果越界引用数组，可能导致程序崩溃。

例如，引用下面数组的第 3 项元素：

$$int　d［5］=｛3,9,7,15,11｝；$$

引用第 3 项元素，并存入变量 t：

$$t=d［2］；$$

用串口监视器查看，t=7。

4.2　应用示例

【示例 4-1】　定义一个长度为 7 的一维整型数组并进行初始化，然后在串口监视器中打印第 2 个元素和第 7 个元素。

1. 分析

所要定义的数组类型为整型，类型名为 int；数组长度为 7，它的下标范围为 0~6，第 2 个元素的下标为 1，第 7 个元素的下标为 6。

确定数组元素的初值，如图 4-1 所示。

图 4-1　数组的初值与元素引用示意

2. 源代码

程序代码如下。

```
/*示例程序 4 - 1 */
int d[7] ={21,9,33,15,46,50,51};    //定义数组并初始化
int t1,t2;
void setup() {
  Serial.begin(9600);
}

void loop() {
  t1 =d[1];                         //引用数组元素
  t2 =d[6];
  Serial.print("第 2 个元素:");
  Serial.println(t1);
  Serial.print("第 7 个元素:");
  Serial.println(t2);
  delay(1000);
}
```

说明如下。

（1）定义数组时，如果将数组的元素全部初始化，则数组的长度不必标出。

（2）数组元素可以直接在表达式中引用。

按上面的说明对示例程序 4 - 1 进行修改后，运行结果完全相同，如图 4 - 2 所示。

```
/*修改后的示例程序 4 - 1 */
int d[] ={21,9,33,15,46,50,51};   //取消数组长度标识
void setup() {
  Serial.begin(9600);
}

void loop() {
    Serial.print("第 2 个元素:");
  Serial.println(d[1]);            //直接引用数组元素
  Serial.print("第 7 个元素:");
  Serial.println(d[6]);
  delay(1000);
}
```

3. 运行程序

上传程序。示例程序 4 - 1 运行结果如图 4 - 2 所示。

4.3 编程实训

【实训 4 - 1】 定义 2 个整型数组 a、b，将数组 a 的元素写入数组 b，然后在数组 b 中计算各元素的平均值。数组 a 为

$$int\ a[9] =\{1,3,5,7,9,7,5,3,1\};$$

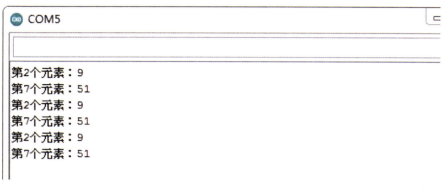

图 4 – 2   示例程序 4 – 1 运行结果

1. 编写程序

1）分析

数组变量与简单变量的最大区别在于，数组变量可以进行循环操作，而简单变量没有这样的特点。

根据数组变量的特点，用循环语句依次读取数组 a 的各元素，然后把它写入数组 b。

2）编程思路

（1）定义数组。

定义数组 a 并初始化：

$$\text{int a}[9] = \{1,3,5,7,9,7,5,3,1\};$$

定义数组 b：

$$\text{int b}[9];$$

（2）定义一个循环变量 i，用于索引数组元素。

（3）用循环语句读写数组元素。

（4）在数组 b 中计算平均数。

2. 源代码

程序代码如下。

```
/*实训程序 4 – 1 */
int a[9] = {1,3,5,7,9,7,5,3,1};      //定义并初始化数组 a
int b[9];                            //定义数组 b
int i,j,sum = 0;
float value = 0;
void setup() {
 Serial.begin(9600);
 for(i = 0;i <= 8;i ++)
 {
   b[i] = a[i];                      //将数组 a 写入数组 b
   Serial.print(b[i]);
   Serial.print(",");
 }
```

```
for(j = 0;j <= 8;j ++)
{
  sum = sum + b[j];              //求数组 b 元素的和
}
value = sum/9.0;                 //求数组 b 元素的平均值
Serial.println();
Serial.print("value = ");
Serial.println(value);
}

void loop() {

}
```

说明如下。

在程序中，变量 i、j 是数组 a 和 b 的一个索引变量。由于规定数组的序号从 0 开始，所以 i 和 j 的初值必须为 0，而且终值为数组的长度减 1，即 i <= 8，j <= 8。

赋值语句 "b[i] = a[i];" 将数组 a 的第 i 个元素赋给数组 b 的第 i 项。这里 i 叫作数组 a 和数组 b 的下标变量。例如，数组 a 中下标变量为 0 的元素对应的值为 1，即 a[0] == 1。

3. 运行程序

上传程序。打开串口监视器，实训程序 4 – 1 运行结果如图 4 – 3 所示。

图 4 – 3 实训程序 4 – 1 运行结果

课后练习

1. 什么是数组？它的特点是什么？

2. 使用数组有什么规定？

3. 数组定义的一般形式是什么？

4. 下面定义和初始化数组的选项中，正确的打 "√"，错误的打 "×"。

（1）float   abc[15];   （　　）

（2）int   st[5] = {80,75,95,60,77,88};   （　　）

（3）int   s[ ] = {8, 7, 9 ,6, 7, 8};   （　　）

（4） int t[ ] = {3, 2.5, 19.8, 100, 99, 0}   （   ）

5. 求数组 int d[5] = {0,5,10,20,30}中 d[3]与 5 的和。

6. 请将下面的一组数据存入一个数组，然后计算这个数组中下标为奇数的所有元素的和，并在串口监视器中打印这个数组和奇数项元素的和。

数据：3，7，11，12，15，20，5，9。

第 5 课

最大距离是多少

【项目 5-1】 用超声波传感器测量它到 5 个物体的距离，用触碰传感器控制测距。将测距结果存入一个数组，然后找出最大值。用 MP3 模块播放这个最大距离是多少。

5.1 项目要点

1. 项目意义

熟悉数组的应用。

2. 项目分析

本项目要求测量超声波传感器到 5 个物体的距离，用触碰传感器来控制测距。按一次触碰传感器测量超声波传感器到一个物体的距离，然后将它写入一个数组。

用循环语句通过数组的下标变量对每个测量结果进行循环比较，找出最大值，然后将这个最大值用 MP3 模块播放出来。

5.2 编写程序

1. 编程思路

为了使程序简洁清晰，用自定义函数实现测距与语音播放功能。

（1）定义一个长度为 5 的数组。

（2）调用 digitalRead( ) 函数读取触碰传感器引脚的值，当读取的值为 0（按下）时，调用测距函数测量超声波传感器到物体的距离。

（3）将测量结果依次存入数组。

（4）比较数组元素的大小，找出最大值。

（5）调用 MP3 语音函数播放结果。

2. 源程序

程序代码如下。

```
/*项目程序 5-1*/
#include <DFRobotDFPlayerMini.h>    //包含 MP3 库
int d[5];                          //定义数组 d
int T,i =0,j,ge,shi,bai;
```

```
int maxD = 0;                               // 声明最大距离变量
const int Touch = 7;                         // 声明触碰传感器引脚
const int trigPin = 2;                       // 声明发射引脚
const int echoPin = 3;                       // 声明接收引脚

DFRobotDFPlayerMini myMp3;                   // 声明 MP3 库的对象
void setup() {
  pinMode(Touch, INPUT);
  pinMode(trigPin, OUTPUT);
  pinMode(echoPin, INPUT);

  Serial.begin(9600);
  myMp3.begin(Serial);                       // 建立与 MP3 模块的通信
  myMp3.volume(25);                          // 设置播放音量
}

void loop() {
  T = digitalRead(Touch);
  delay(200);
  if(T == 0)
  {
    d[i] = dF();
    i ++;
  }
  if(i == 5)
  {
    maxD = d[0];
    for(j == 1; j <= 4; j ++)
    {
      if(maxD < d[j])
        maxD = d[j];
    }

    if(maxD >= 2 && maxD < 10)
    {
      ge = maxD % 10;
      playMp3_1();
    }
    else if(maxD >= 10 && maxD < 100)
    {
      ge = maxD % 10;
      shi = maxD / 10;
      playMp3_2();
    }
    else if(maxD >= 100 && maxD < 300)
    {
      ge = maxD % 10;
      shi = maxD % 100 / 10;
      bai = maxD / 100;
      playMp3_3();
```

```
      }
    i = 0;
  }
}

int dF()    //超声波测距函数
{
  int dist;
  digitalWrite(trigPin,LOW);          //拉低发射引脚
  delayMicroseconds(2);               //延时 2μs
  digitalWrite(trigPin,HIGH);         //发射超声波
  delayMicroseconds(10);              //延时 10μs
  digitalWrite(trigPin,LOW);
  dist = pulseIn(echoPin,HIGH)/58.0;  //计算超声波传感器到物体的距离
  return dist;
}

void playMp3_1()
{
  int Start = 15,cm = 16;             //指定非数字曲目
  myMp3.playMp3Folder(Start);         //播放"最远物体的距离是"
  delay(2000);
  myMp3.playMp3Folder(ge);
  delay(300);
  myMp3.playMp3Folder(cm);            //播放"厘米"
  delay(500);
}

void playMp3_2()
{
  int Start = 15,Shi = 12,cm = 16;    //指定非数字曲目
  myMp3.playMp3Folder(Start);
  delay(2000);
  myMp3.playMp3Folder(shi);
  delay(300);
  myMp3.playMp3Folder(Shi);           //播放"十"
  delay(500);
  myMp3.playMp3Folder(ge);
  delay(300);
  myMp3.playMp3Folder(cm);
  delay(500);
}

void playMp3_3()
{
  int Start = 15,Bai = 11,Shi = 12,cm = 16;   //指定非数字曲目
  myMp3.playMp3Folder(Start);
  delay(2000);
  myMp3.playMp3Folder(bai);
  delay(300);
```

```
myMp3.playMp3Folder(Bai);              //播放"百"
delay(500);
myMp3.playMp3Folder(shi);
delay(300);
myMp3.playMp3Folder(Shi);              //播放"十"
delay(500);
myMp3.playMp3Folder(ge);
delay(300);
myMp3.playMp3Folder(cm);
delay(500);
}
```

3. 程序注解

1）程序首部

声明与定义相关变量。说明如下。

（1）int d[5]，定义一个长度为5的整型数组。数组的所有元素取整数，主要目的是简化语音播放程序。如果采用浮点型数据，会在播放"距离"时使数位的分解变得很复杂。

（2）ge、shi、bai，3个变量依次代表个位数、十位数、百位数。因为这些变量既需要在loop( )函数中使用，又需要在MP3语音播放函数中使用，所以必须把它们声明为全局变量。

2）setup( )函数

主要定义相关引脚的工作模式，及建立主控板与MP3模块的通信。

3）loop( )函数

（1）d[i]=dF( )，调用超声波测距函数dF( )测量超声波传感器到物体的距离，然后用赋值语句将这个值写入数组d。

（2）i++，改计数变量i的值。每按下一次触碰传感器，超声波测距后i的值加1，即数组d的下标变量加1。注意i的初值为0，数组d从序号0开始写入数据，因此第一个数据被写入下标为0的位置。

（3）if(i==5)，当i等于5时，触碰传感器已从0~4被按下了5次。i计数到5时就不能再测量了。接下来在这个if语句中找出最远距离，再调用MP3语音播放函数播放最大距离是多少。

为了简明清晰起见，将语音播放分为3个部分：

0~9 cm（1位数），定义MP3语音播放函数playMp3_1( )；

10~99 cm（2位数），定义MP3语音播放函数playMp3_2( )；

100~300 cm（3位数），定义MP3语音播放函数playMp3_3( )。

（4）if(maxD>=2&&maxD<10)是接下来的3个if语句的第一个语句。其主要功能是分解数位，调用MP3语音播放函数。分解数位的方法这里不再重复讲述了。

4）dF( )函数

注意，超声波测距函数为一个整型函数，它的返回值dist为一个整数。

5）playMp3_1( )、playMp3_2( )、playMp3_3( )

这3个函数分别为播放距离为1位数、2位数、3位数时的语音。播放的语音与制作的语音文件对应。

各语音文件与对应的语音见表 5 - 1。

表 5 - 1 各语音文件与对应的语音

语音文件	对应的语音
0015Start. mp3	最远物体距离是
0016cm. mp3	厘米
0011Bai. mp3	百
0012Shi. mp3	十
0000. mp3	0
0001. mp3 ~ 0009. mp3	1 ~ 9

例如，如果分解的十位数为 3，myMp3. playMp3Folder(shi) 为 myMp3. playMp3Folder(3)，即播放语音文件 "0003. mp3"，其他依此类推。

5.3 项目体验

1. 制作语音文件

按照表 5 - 1 制作语音文件，然后存入 SD 卡根目录下的 "mp3" 文件夹，再用 SD 卡播放 MP3 模块。

2. 搭设电路

1）连接超声波传感器

将超声波传感器插入教学小车左前方的 JS6 引脚接口，再从 JS5 引脚接口将超声波传感器的引脚 GND、Echo、Trig 连接主控板的引脚 GND、3、2，VCC 引脚连接教学小车的电源引脚 VCC。

2）连接触碰传感器

将触碰传感器插入教学小车右前方的 JS2 引脚接口，再从 JS1 引脚接口依次将引脚 GND、VCC、OUT 连接主控板的引脚 GND、教学小车的电源引脚 VCC、主控板的引脚 7。

3）连接转接板引脚

将 SD 卡插入 MP3 模块，再将 MP3 模块插接在转接板上，然后用一颗 M2.5 × 12 mm 的螺丝及螺帽、垫片，将转接板固定在教学小车前端的积木孔上（图 5 - 1）。

将转接板的引脚 Tx、Rx 依次连接主控板的引脚 1(Tx)、0(Rx)，转接板的引脚 V 连接教学小车的电源引脚 VCC，引脚 G 先连接到面包板，再从面包板连接到主控板的引脚 GND。

4）连接电源

将教学小车的电源引脚 VCC 连接主控板的引脚 5 V，接地引脚 GND 在面包板上与转接板的接地引脚连接。

项目程序 5 - 1 电路搭设如图 5 - 2 所示。

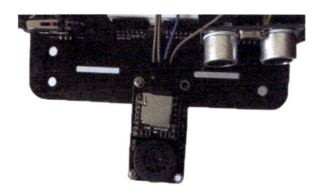

图 5 - 1　连接转接板引脚示意

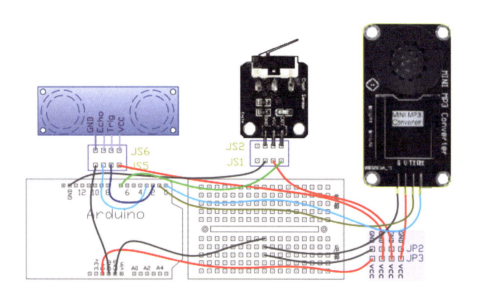

图 5 - 2　项目程序 5 - 1 电路搭设示意

3. 运行程序

先取下转接板与主控板的引脚 0、1 上的跳线，上传程序。

拔下 USB 数据线，选准 1 个物体后按下触碰传感器测距。当测量完 5 个物体后，MP3 模块播报最大距离是多少。

课后练习

【完善程序】

在项目程序 5 - 1 中，MP3 语音播放函数 playMp3_2( )、playMp3_3( ) 存在不够严谨和完善的地方。

例如，当测量最大距离为 20 cm 时，调用 playMp3_2( ) 函数播放语音为 "最远物体的距离是'二十零'厘米"；当测量最大距离为 103 cm 时，调用 playMp3_3( ) 函数播放语音为 "最远物体的距离是'一百零十三'厘米"。显然这不符合读数规则。

请在适当地方修改完善这两个函数，使其始终符合读数规则（参见第8册第6课）。

附：

```
void playMp3_2()
{
    int Start =15,Shi =12,cm =16;        //指定非数字曲目
    myMp3.playMp3Folder(Start);
    myMp3.playMp3Folder(shi);
    myMp3.playMp3Folder(Shi);            //播放"十"
    myMp3.playMp3Folder(ge);
    myMp3.playMp3Folder(cm);
}

void playMp3_3()
{
    int Start =15,Bai =11,Shi =12,cm =16;  //指定非数字曲目
    myMp3.playMp3Folder(Start);
    myMp3.playMp3Folder(bai);
    myMp3.playMp3Folder(Bai);            //播放"百"
    myMp3.playMp3Folder(shi);
    myMp3.playMp3Folder(Shi);            //播放"十"
    myMp3.playMp3Folder(ge);
    myMp3.playMp3Folder(cm);

}
```

注：两个函数中省略了延时语句。

第 2 单元
机器人开环控制

- 开环控制的基本概念

- 开环控制机器人

认识开环控制

6.1 基本要点

对机器人实施控制的技术叫作机器人控制技术。机器人控制是根据机器人的作业任务以及从传感器反馈的信号，支配机器人的执行器去完成规定的运动和功能。

机器人的控制方式分为开环控制和闭环控制两种。

1. 什么是开环控制

控制装置与被控制对象之间只有按顺序工作的联系而没有反向联系的控制过程叫作开环控制。开环控制的特点是控制系统的输出量不会对系统的控制作用发生影响，控制系统没有自动修正或补偿的能力。

具体来说，控制系统接收一个输入量后，控制系统将这个输入量通过控制器输入被控制对象，被控制对象便产生相应的输出。在这个过程中，控制系统不会对输出量进行检测和反馈。对于输出量是否满足要求，控制系统不进行处理。

图6-1所示的控制过程是一个最基本的开环控制过程。

图6-1 开环控制过程示意

例如，让教学小车驱动轮子的左、右电动机以相同的转速转动，但教学小车很难走出一条直线，不是偏左就是偏右。这是因为假如给电动机输入一个转速值100，电动机输出的实际转速值并不一定等于100。实际转速值到底是多少，控制系统既无法知道，也无法修正，只能任其走下去。

2. 开环控制的优点与缺点

开环控制的优点是结构简单、成本低廉。开环控制的缺点是：因为没有反馈，所以控制精度较低；不能检测误差，也不能修正误差，所以抑制干扰能力差。

6.2 应用示例

【示例6-1】 两只颜色相同的LED灯处于完全相同的控制过程中，看看它们的输出量是否相同。

1. 分析

为了让两只 LED 灯的控制过程相同，又便于读取它们的输出量，用漏电路的方式将 LED 灯与主控板连接，然后从 LED 灯的输出端（阴极）用跳线与模拟输入引脚连接，再从模拟输入引脚读取它们的输出量。示例 6 – 1 电路搭设示意如图 6 – 2 所示。

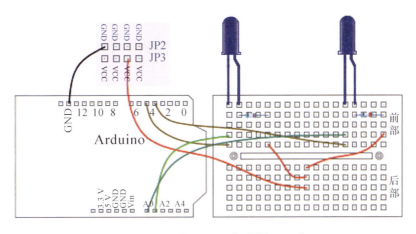

图 6 – 2　示例 6 – 1 电路搭设示意

所谓漏电路，是指 LED 灯的阳极（长引脚）与电源 VCC 连接，阴极（短引脚）与主控板的数字引脚连接。

说明：前面连接的 LED 灯电路叫作源电路。

2. 搭设电路

将两只 LED 灯插在面包板上。教学小车的电源引脚 VCC 连接到面包板，GND 引脚连接主控板的引脚 GND；LED 灯的长引脚分别用 1 kΩ 的电阻与面包板的 5 V 电源连接，短引脚分别连接主控板的引脚 4、5；再用跳线分别将 LED 灯的短引脚连接主控板的引脚 A0、A1（图 6 – 2）。

3. 源代码

程序代码如下。

```
/*示例程序 6 –1 */
const int led1 =4;
const int led2 =5;
int a_led1,b_led2;

void setup() {
  pinMode(led1,OUTPUT);
  pinMode(led2,OUTPUT);
  Serial.begin(9600);
}

void loop() {
  digitalWrite(led1,LOW);      //led1 输出端置低电平
  digitalWrite(led2,LOW);      //led2 输出端置低电平

  a_led1 = analogRead(A0);     //读 led1 的输出量
```

```
Serial.print("a_led1 = ");
Serial.println(a_led1);

b_led2 = analogRead(A1);        //读 led2 的输出量
Serial.print("b_led2 = ");
Serial.println(b_led2);
Serial.println("/*********/");

delay(1000);
}
```

说明：在漏电路中，LED 灯的长引脚接电源 VCC，所以它的短引脚需要输出低电平，这样 LED 灯中才会有电流通过。

analogRead(A0)、analogRead(A1)用于读取 LED 灯的输出量。

4. 运行程序

上传程序。打开教学小车的电源开关，两只 LED 灯被点亮，然后打开串口监视器，led1、led2 的输出量如图 6-3 所示。

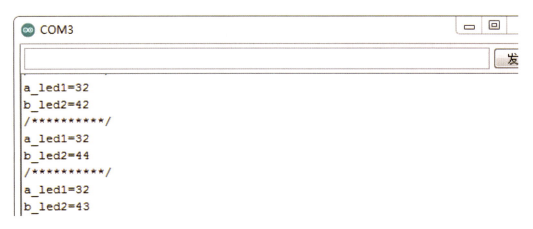

图 6-3　led1、led2 的输出量示意

从图 6-3 可以看出，尽管 led1 与 led2 的控制过程及输入量完全相同，但是它们的输出量却有较大的差异，并不是完全相同或基本相同。实际上很容易根据欧姆定律计算出它们的理论输出量（图 6-4），不过可以肯定的是，两只 LED 灯中至少有一只 LED 灯的实际输出量与理论输出量不符。

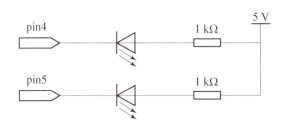

图 6-4　示例程序 6-1 部分电路原理图

对于这种差异，示例程序 6-1 完全无能为力。这个控制程序只能负责开启 LED 灯，至于哪

只 LED 灯亮一些，哪只 LED 灯暗一些它无法控制，因为并没有给它反馈 LED 灯开启后的实际情况，也没有要求它进行修正。

这就是开环控制。

6.3 编程实训

【**实训 6 – 1**】 开环控制走正方形轨迹的机器人。

1. 编写程序

1）分析

让机器人走出正方形轨迹，用时间控制正方形轨迹的边长，即走过 4 个边的时长相等。相邻两边的夹角为直角。

由于是开环控制，所以两个电动机虽然设置成相同的转速，但它们的实际转速不一定相等，因此需要人为调整，直到机器人大致能走出一条直线轨迹为止。

2）源代码

程序代码如下。

```
/* 实训程序 6 - 1 */
const int mIN1 = 3;       // 声明左电动机引脚
const int mIN2 = 4;
const int EN1 = 5;
const int mIN3 = 7;       // 声明右电动机引脚
const int mIN4 = 8;
const int EN2 = 6;

void setup() {
  pinMode(mIN1, OUTPUT);
  pinMode(mIN2, OUTPUT);
  pinMode(mIN3, OUTPUT);
  pinMode(mIN4, OUTPUT);
}

void loop() {
  digitalWrite(mIN1, HIGH);       // 走直线
  digitalWrite(mIN2, LOW);
  analogWrite(EN1, 100);
  digitalWrite(mIN3, LOW);
  digitalWrite(mIN4, HIGH);
  analogWrite(EN2, 105);
  delay(3000);

  digitalWrite(mIN1, HIGH);       // 右转 90°
  digitalWrite(mIN2, LOW);
  analogWrite(EN1, 100);
  digitalWrite(mIN3, HIGH);
```

```
digitalWrite(mIN4,LOW);
analogWrite(EN2,105);
delay(400);
}
```

说明：在源代码中，左、右电动机的转速及转弯的时间是根据实际情况调整的；转弯方式为左轮正转，右轮反转，这样可以减小转弯半径。

2. 电路搭设

实训程序 6 - 1 电路搭设示意如图 6 - 5 所示。

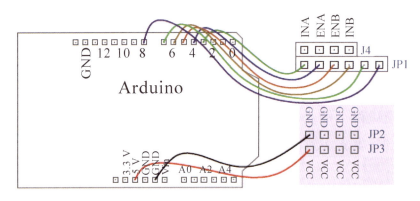

图 6 - 5 实训程序 6 - 1 电路搭设示意

3. 运行程序

让机器人走正方形轨迹前，先要对程序中的电动机转速参数与转弯时间参数进行调试。

（1）调试左、右电动机的转速，让机器人基本上能走出一条直线轨迹。走直线轨迹的时间根据场地大小可设置为 3000 ms 左右。

（2）调试机器人转直角的时间。用时间 t 控制机器人转弯角度基本上为 90°。

（3）通过调试，体会机器人开环控制的优点与缺点。

调试基本到位后，上传程序，让机器人走正方形轨迹。

 课后练习

1. 机器人控制一般有哪几种方式？

2. 什么是机器人开环控制？

3. 开环控制有哪些优点和缺点？

4. 编写一个开环控制程序，让机器人的运动轨迹为一个圆。圆的半径由左、右电动机的速度差确定。速度差越小圆的半径越大。

第7课

怕吵闹的机器人

【项目7-1】 怕吵闹的机器人。用声音传感器控制机器人的行动。当机器人听到吵闹声时慢慢走开，如果吵闹声太大机器人会快速走开；如果吵闹声消失或机器人"听"不到吵闹声时机器人便停下来。

7.1 项目要点

1. 项目意义

进一步加深对机器人开环控制的认识与理解，并掌握声音传感器的使用方法。

上一课我们认识了开环控制系统最基本的控制过程，它包括控制器、执行器和被控制对象。那么对于怕吵闹的机器人，什么是控制器、执行器和被控制对象呢？

对照图6-1，怕吵闹的机器人的控制器是主控板，执行器是教学小车的左、右电动机，被控制对象为电动机的转速，如图7-1所示。

图7-1 项目7-1控制过程示意图

2. 项目分析

这是一个开环控制项目。在机器人的控制过程中，被控制对象（电动机的转速）没有反馈环节。声音传感器的信息只能通过控制器（主控板）控制机器人运动或停止，不能对机器人的运动环节进行检测和修正。

根据项目要求，确定一个较小的音量值（分贝）和较大的音量值，控制机器人慢走或快走。

3. 声音传感器

声音传感器分为数字量声音传感器和模拟量声音传感器。本项目使用的是模拟量声音传感器，如图7-2所示。

模拟量声音传感器，通过 Arduino 或其他单片机可以获得声音强度的电压信号，实现模拟音量采集的功能。

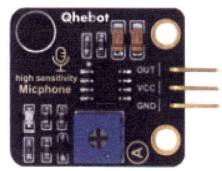

图7-2 模拟量声音传感器

模拟量声音传感器的引脚和工作参数如下。

引脚 OUT：模拟输出引脚；

引脚 VCC：电源；

引脚 GND：电源地。

工作电压：3~5.5 V。

7.2 编写程序

1. 编程思路

用声音传感器采集外部声音信息。当声音比较大时，机器人快速走开；当声音比较小时，机器人慢慢走开；没有声音时机器人停止不动。

为了确定声音的大小，先将声音传感器连接到主控板，然后在串口监视器查看相应的音量值。

（1）将声音传感器插接在面包板上，信号引脚 OUT 连接主控板的模拟输入引脚 A0，电源引脚 VCC、接地引脚 GND 依次对应连接主控板的引脚 5 V、GND，如图 7-3 所示。

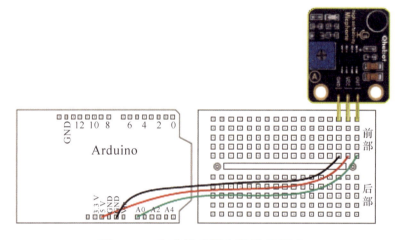

图 7-3 声音传感器电路连接示意

（2）上传串口查看程序。串口查看程序如下。

```
/*串口查看程序*/
int a;
void setup() {
  Serial.begin(9600);
}

void loop() {
  a = analogRead(A0);
  delay(100);
  Serial.println(a);
  delay(100);
}
```

（3）打开串口监视器，如图 7-4 所示。图 7-4 所示的显示数据"35""146"为声音传感器感应外部声音的值，其他数据是由于系统受到内部或外部噪声干扰所产生。

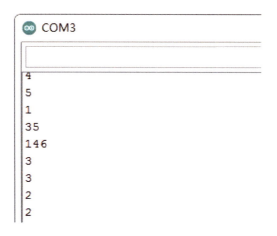

图 7 – 4　串口监视器显示示意

（4）根据实际测试，将"50"作为设置声音大小的参考值。

2. 源代码

程序代码如下。

```
/*项目程序 7 –1 */
const int mIN1 =3;
const int mIN2 =4;
const int EN1 =5;
const int mIN3 =7;
const int mIN4 =8;
const int EN2 =6;
int a;

void setup( ) {
  pinMode(mIN1,OUTPUT);
  pinMode(mIN2,OUTPUT);
  pinMode(mIN3,OUTPUT);
  pinMode(mIN4,OUTPUT);
}

void loop( ) {
  a =analogRead(A0);                 //读声音传感器信号
  delay(100);

  if(a <15)                          //没有声音时
  {
    digitalWrite(mIN1,LOW);
    digitalWrite(mIN2,LOW);
    digitalWrite(mIN3,LOW);
    digitalWrite(mIN4,LOW);
  }
  else if(a >=15&&a <50)             //有声音时
  {
```

```
        digitalWrite(mIN1,HIGH);
        digitalWrite(mIN2,LOW);
        analogWrite(EN1,90);
        digitalWrite(mIN3,LOW);
        digitalWrite(mIN4,HIGH);
        analogWrite(EN2,90);
        delay(600);
    }
    else                            //声音较大时
    {
        digitalWrite(mIN1,HIGH);
        digitalWrite(mIN2,LOW);
        analogWrite(EN1,150);
        digitalWrite(mIN3,LOW);
        digitalWrite(mIN4,HIGH);
        analogWrite(EN2,150);
        delay(600);
    }
}
```

3. 程序注解

在 loop( )函数中，首先读取声音传感器引脚 A0 的信号，然后根据读取的信号值控制机器人的运动状态。

1）if(a < 15)

机器人系统内部及外部不可能绝对没有声音，为了让机器人有一个相对静止的状态，取"15"作为是否有声音的界线。当 a < 15 时认为没有声音，这样可以排除其他噪声的干扰。

2）if(a >= 15&&a < 50)

在音量值为 15 ~ 50 时，机器人认为有吵闹声而慢慢走开。

3）最后一个 else 语句

当音量值大于等于 50 时，机器人快速走开。

同学们可以根据实际情况和自己的喜好确定机器人"走开"的速度和时间。划分声音大小时也要根据自己操作的教学小车及当时的环境，通过串口监视器查看后进行确定。

7.3 项目体验

1. 搭设电路

1）连接声音传感器

将图 7 – 2 中声音传感器的电源引脚 VCC 改为连接教学小车的电源引脚 VCC，其他连接不变。

2）连接教学小车电动机

将教学小车左前方 JP1 的引脚 IN1、IN2、EN1、EN2、IN3、IN4 依次连接主控板的引脚 3、4、5、6、7、8。

3) 连接电源

将教学小车右前方的电源引脚 VCC 连接主控板的引脚 5 V，电源地引脚 GND 连接主控的引脚 GND。

项目程序 7 – 1 电路搭设示意如图 7 – 5 所示。

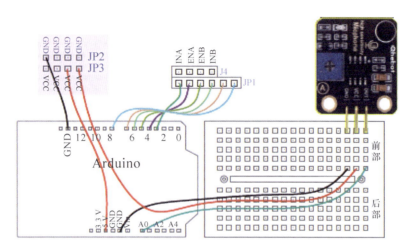

图 7 – 5　项目 7 – 1 电路搭设示意

2. 运行程序

上传程序。

将机器人放置在比较宽敞的场地，对着声音传感器用不同大小的声音击掌或喊话，机器人就会走开；声音消失后机器人会停下来。

分析观察：机器人在整个运动过程中都处于一种开环控制状态；声音传感器的作用是控制机器人运动，至于运动的实际速度与给出速度（如 90、120）是否一致则无法确定，因为这个控制系统没有反馈功能。

课后练习

编写程序：用声音传感器控制 LED 灯的亮度。当声音较小时点亮 LED 灯，使 LED 灯较暗；当声音较大时使 LED 灯的亮度较高，这时 LED 灯亮 2000 ms 后熄灭。

扭扭机器人

【项目8-1】 扭扭机器人。使机器人左右扭动前进，每左右扭动4次后右转180°，然后继续扭动前进。用声音传感器控制机器人的运动。当对着机器人喊"开始"时，机器人开始扭动前进；再喊"停止"，机器人便停在原地不动。

8.1 项目要点

1. 项目意义

通过项目体验，观察与体会机器人开环控制对精度的影响。

本项目将要制作的扭扭机器人，它理论上应围绕一条直线左右对称摆动，但是在开环控制系统中很难达到这一理想的效果，如图8-1所示。

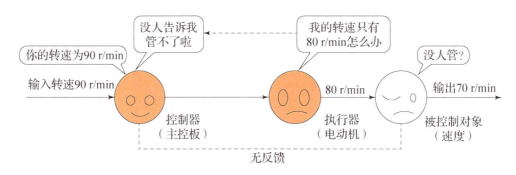

图8-1 开环控制输入与输出关系示意

2. 项目分析

让机器人左右扭动，实际上是控制机器人左转和右转。实现这个运动过程，只要使用一个计数变量 i 就行了。当变量 i 为奇数时让机器人左转，当变量 i 为偶数时让机器人右转。

用声音传感器控制机器人开始扭动和停止扭动。

8.2 编写程序

1. 编程思路

（1）确定声音传感器的信号值。当音量值≥30时，机器人开始扭动；当音量值再次≥30时，机器人停止扭动。

（2）读取声音传感器信号。

（3）用 if 语句判断音量值是否≥30，如果条件为真，则用一个逻辑变量 b 控制机器人扭动或停止。如果 b==1，机器人开始扭动；如果 b==0，机器人停止。

（4）用自定义函数实现机器人的运动和停止功能。

2. 源代码

程序代码

```
/*项目程序8 -1 */
const int mIN1 =3;
const int mIN2 =4;
const int EN1 =5;
const int mIN3 =7;
const int mIN4 =8;
const int EN2 =6;
int a,b =0;                        //声明声音信号变量 a、逻辑变量 b

void setup() {
  pinMode(mIN1,OUTPUT);
  pinMode(mIN2,OUTPUT);
  pinMode(mIN3,OUTPUT);
  pinMode(mIN4,OUTPUT);
}

void loop() {
  a =analogRead(A0);              //读声音传感器信号
  delay(100);
  if(a >=30)                      //没有声音时
  {
    b =! b;
    if(b ==1)
    {
      mF1();
    }
    else if(b ==0)
    {
      mF2();
    }
  }
}

void mF1()                        //电动机驱动函数
{
  int i =0;
  while(analogRead(A0) <30)
  {
    i ++;
    if(i% 2! =0&&i% 5! =0)        //左扭
    {
```

```
        digitalWrite(mIN1,HIGH);
        digitalWrite(mIN2,LOW);
        analogWrite(EN1,100);
        digitalWrite(mIN3,LOW);
        digitalWrite(mIN4,HIGH);
        analogWrite(EN2,130);
        delay(1500);
      }
    if(i%2==0&&i%5!=0)  //右扭
      {
        digitalWrite(mIN1,HIGH);
        digitalWrite(mIN2,LOW);
        analogWrite(EN1,130);
        digitalWrite(mIN3,LOW);
        digitalWrite(mIN4,HIGH);
        analogWrite(EN2,100);
        delay(1500);
      }
    if(i%5==0)                 //右转后继续第二次扭动
      {
        digitalWrite(mIN1,HIGH);
        digitalWrite(mIN2,LOW);
        analogWrite(EN1,130);
        digitalWrite(mIN3,LOW);
        digitalWrite(mIN4,HIGH);
        analogWrite(EN2,100);
        delay(800);
        i=0;                   //i清零后开始第二次扭动
      }
    }
  }


void mF2()                     //电动机停止函数
{
  digitalWrite(mIN1,LOW);
  digitalWrite(mIN2,LOW);
  digitalWrite(mIN3,LOW);
  digitalWrite(mIN4,LOW);
}
```

3. 程序注解

1）loop( )函数

在 loop( )函数中，通过读取声音传感器的信号，控制机器人的状态。当音量值≥30 时，说明有人在喊，机器人开始扭动或者停止扭动。当机器人处于静止状态时，如果声音传感器感应到音量值≥30，机器人开始扭动；当机器人处于运动状态时，如果声音传感器感应到音量值≥30，则机器人停止扭动。

（1）b = !b。

对 b 取非。用 b 的逻辑非的值来控制机器人的运动状态。由于 b 的初值为 0，所以第一次取非后 b 的值为 1，第二次取非后 b 的值又为 0，b 的值总是为 1 或 0，刚好对应机器人的运动和停止这两种状态。

（2）if(b==1)。

当 b 的值为 1 时，调用电动机驱动函数 mF1() 让机器人开始扭动。

（3）if(b==0)。

当 b 的值为 0 时，调用函数 mF2() 使机器人停止扭动。

2）mF1() 函数

（1）i=1。

i 是一个局部变量，用于控制机器人左扭或右扭以及扭动的次数。

（2）if(i%2!=0&&i%5!=0)。

如果条件满足 i%2!=0，并且 i%5!=0，则说明 i 为奇数而且 i 的值没有超过 4，这时机器人向左扭动。

（3）if(i%2==0&&i%5!=0)。

与上面的意义相同，判断 i 是否为偶数。如果条件满足则机器人向右扭动。

（4）if(i%5==0)。

判断 i 是不是 5，如果条件满足则机器人适当向右扭动，然后 i 清零，准备下一次扭动。

注意，同学们在进行项目体验时，应根据实际情况设置判断声音大小的值，左、右电动机的速度及延时时间，并反复调试。

8.3　项目体验

1. 电路搭设

电路搭设见项目 7 – 1 电路搭设部分，具体如图 8 – 2 所示。

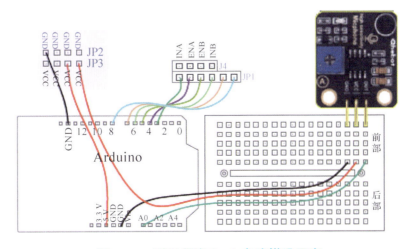

图 8 – 2　项目程序 8 – 1 电路搭设示意

上传程序。

将机器人放在实训场地中，打开教学小车电源开关，然后对着声音传感器用比较大的声音喊"开始"，机器人会一扭一扭地前行；再对着声音传感器喊"停止"，机器人就会停下来。

当然，机器人"听"到的并不是"开始"或"停止"，而是人所发出声音的大小。

注意，由于程序中延时部分比较多，所以如果对着机器人喊话时正好程序在延时，则本次喊话可能无效。

课后练习

1. 下列关于机器人开环控制的说法中，正确的打"√"，不正确的打"×"。

（1）若机器人没有安装任何传感器，则控制器不能获取任何外部信息（　　　　）

（2）在控制系统中，被控制对象没有信息反馈功能（　　　　）

（3）机器人在工作或运动中，控制系统不会改变被控制对象的实际输出结果（　　　　）

（4）控制器与被控制对象没有关系（　　　　）

2. 编写一个会听话的机器人程序。用声音传感器控制机器人运动，当对机器人喊"前进"时，机器人直线前进；当对机器人喊"停止"时，机器人停下来。

第 3 单元
机器人闭环控制

- 闭环控制的基本概念
- 闭环控制机器人

认识闭环控制

9.1 基本要点

1. 什么是闭环控制

闭环控制系统又称为反馈控制系统。它通过反馈建立起输入和输出的联系，使控制器可以根据输入与输出的实际情况来决定控制策略，从而达到预定的系统功能。

具体来说，当控制系统接收一个输入量后，对输出量进行检测，计算出实际输出结果和目标输出要求之间的偏差，并将计算出来的偏差经过相关途径反馈到输入端，再通过控制器对偏差进行修正，使控制系统的实际输出与目标输出的偏差减小，让系统趋于稳定，如图9-1所示。

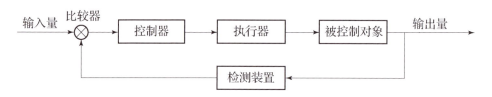

图9-1 闭环控制示意图

仍然以电动机的转速为例。例如，在一个控制电动机转动的闭环控制系统中，系统输入电动机的转速为100 r/min，电动机开始转动。这时，安装在电动机上的测速装置（编码器）检测到电动机的实际转速只有90 r/min，于是，测速装置将这一检测结果反馈给比较器，控制器根据比较结果增加对电动机的输入量，让电动机的实际转速趋近100 r/min，如图9-2所示。

图9-2 电动机运动闭环控制示意

2. 闭环控制的优点和缺点

与开环控制比较，闭环控制的主要优点与缺点表现如下。

由于存在反馈，当内外有干扰导致输出的实际值偏离给定值时，控制作用将减小这种偏差，所以闭环控制精度较高；但是，闭环控制增加了控制系统的复杂性。

9.2　应用示例

【示例9－1】　控制教学小车与障碍物的距离。让教学小车驶向障碍物，当教学小车距离障碍物30 cm时便停下来。

1. 分析

教学小车用超声波传感器测距。当教学小车与障碍物的距离 >30 cm 时，教学小车向前行驶；当教学小车与障碍物的距离≤30 cm 时，教学小车停止前行。

教学小车的运动控制过程是一个闭环控制。教学小车在前行的过程中，要不断地用超声波传感器检测它与前方障碍物的距离，并将检测值（实际距离）与目标值（30 cm）进行比较。如果实际距离 >30 cm，则控制器驱动执行器（教学小车电动机）转动，继续前行，直到检测距离达到目标值时控制器停止驱动教学小车电动机，让教学小车停下来。

在示例9－1中，控制器是主控板，执行器是教学小车电动机，被控制对象为教学小车与障碍物的距离，检测装置为超声波传感器，如图9－3所示。

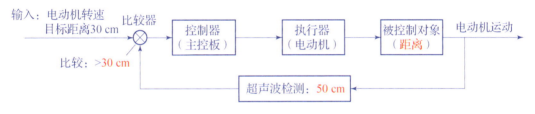

图9－3　示例9－1闭环控制示意

注意，示例9－1实际上有两个被控制对象，即教学小车与障碍物的距离和电动机的转速。由于电动机转速的闭环控制比较复杂，所以示例9－1中电动机的转速为开环控制，只考虑教学小车与障碍物之间距离的闭环控制。

2. 源代码

程序代码如下。

```
/*示例程序9－1*/
const int mIN1 =3;        //声明电动机引脚
const int mIN2 =4;
const int EN1 =5;
const int mIN3 =7;
const int mIN4 =8;
const int EN2 =6;

const int trigPin =10;    //声明超声波传感器引脚
const int echoPin =11;
int d;                    // 距离变量
```

```
void setup() {
  pinMode(mIN1,OUTPUT);
  pinMode(mIN2,OUTPUT);
  pinMode(mIN3,OUTPUT);
  pinMode(mIN4,OUTPUT);

  pinMode(trigPin,OUTPUT);
  pinMode(echoPin,INPUT);
}

void loop() {
  digitalWrite(trigPin,LOW);          //拉低发射引脚
  delayMicroseconds(2);               //延时 2 μs
  digitalWrite(trigPin,HIGH);         //发射超声波
  delayMicroseconds(10);              //延时 10 μs
  digitalWrite(trigPin,LOW);
  d = pulseIn(echoPin,HIGH)/58.0;     //计算距离

  if(d > 30)                          //教学小车前行
  {
    digitalWrite(mIN1,HIGH);
    digitalWrite(mIN2,LOW);
    analogWrite(EN1,100);
    digitalWrite(mIN3,LOW);
    digitalWrite(mIN4,HIGH);
    analogWrite(EN2,100);
  }
  else                                //停车
  {
    digitalWrite(mIN1,LOW);
    digitalWrite(mIN2,LOW);
    digitalWrite(mIN3,LOW);
    digitalWrite(mIN4,LOW);
  }
}
```

3. 搭设电路

1）连接超声波传感器

将超声波传感器插接在教学小车右前部的 JS2 引脚接口上。从 JS3 引脚接口将超声波传感器的引脚 GND、Echo、Trig 依次连接主控板的引脚 GND、11、10，电源引脚 VCC 连接教学小车的电源引脚 VCC。

2）连接教学小车电动机

教学小车左前部 JP1 的引脚 IN1、IN2、EN1、EN2、IN3、IN4 依次连接主控板的引脚 3、4、5、6、7、8。

3）连接电源

将教学小车的电源引脚 VCC、GND 对应连接主控板的引脚 5 V、GND，如图 9 - 4 所示。

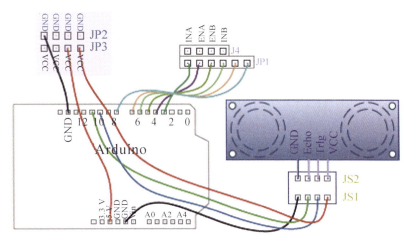

图 9 - 4　示例程序 9 - 1 电路搭设示意

上传程序。

打开教学小车电源开关，将手挡在教学小车前方大于 30 cm 处，教学小车向手的方向前行。当教学小车与手的距离小于等于 30 cm 时，教学小车会停下来。也可以让教学小车向着其他障碍物前进。

9.3　编程实训

【实训 9 - 1】　将示例 9 - 1 中检测装置（超声波传感器）反馈的信息通过 LED 灯进行相应的提示。

1. 编写程序

1）分析

按照实训要求，控制系统除了根据检测装置反馈的被控制对象的信息控制教学小车的运动外，还要将被控制对象的实时信息显示出来。

将被控制对象划分为 3 个数据区：大于 50 cm 为安全区；大于 30 cm，小于等于 50 cm 为警示区；小于等于 30 cm 为停车区，如图 9 - 5 所示。

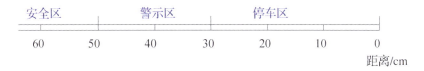

图 9 - 5　被控制对象数据分区图

用两只 LED 灯显示不同的信息。在安全区点亮绿色 LED 灯；在警示区闪烁红色 LED 灯；在停车区红色 LED 灯长亮。教学小车在距离障碍物 30 cm 处停车。

2）源代码

程序代码如下。

```
/* 实训程序 9 - 1 */
const int mIN1 = 3;                    //声明电动机引脚
const int mIN2 = 4;
const int EN1 = 5;
const int mIN3 = 7;
const int mIN4 = 8;
const int EN2 = 6;

const int ledG = A0;
const int ledR = A1;

const int trigPin = 10;               //声明超声波传感器引脚
const int echoPin = 11;
int d;                                //距离变量

void setup() {
  pinMode(mIN1,OUTPUT);
  pinMode(mIN2,OUTPUT);
  pinMode(mIN3,OUTPUT);
  pinMode(mIN4,OUTPUT);

  pinMode(trigPin,OUTPUT);
  pinMode(echoPin,INPUT);
  pinMode(ledG,OUTPUT);
  pinMode(ledR,OUTPUT);

}

void loop() {
  digitalWrite(trigPin,LOW);          //拉低发射引脚
  delayMicroseconds(2);               //延时 2μs
  digitalWrite(trigPin,HIGH);         //发射超声波
  delayMicroseconds(10);              //延时 10μs
  digitalWrite(trigPin,LOW);
  d = pulseIn(echoPin,HIGH)/58.0;     //计算距离

  if(d > 50)                          //安全区
  {
    digitalWrite(mIN1,HIGH);
    digitalWrite(mIN2,LOW);
    analogWrite(EN1,120);
    digitalWrite(mIN3,LOW);
    digitalWrite(mIN4,HIGH);
    analogWrite(EN2,120);

    digitalWrite(ledG,HIGH);          //点亮红色 LED 灯
    digitalWrite(ledR,LOW);           //关闭绿色 LED 灯
  }
  else if(d > 30 && d <= 50)          //警示区
  {
```

```
digitalWrite(mIN1,HIGH);
digitalWrite(mIN2,LOW);
analogWrite(EN1,90);
digitalWrite(mIN3,LOW);
digitalWrite(mIN4,HIGH);
analogWrite(EN2,90);

digitalWrite(ledG,LOW);          //关闭绿色 LED 灯
digitalWrite(ledR,HIGH);         //闪烁红色 LED 灯
delay(100);
digitalWrite(ledR,LOW);
delay(100);
}
else if(d<=30)                   //停车区
{
digitalWrite(mIN1,LOW);
digitalWrite(mIN2,LOW);
digitalWrite(mIN3,LOW);
digitalWrite(mIN4,LOW);

digitalWrite(ledR,HIGH);         //红色 LED 灯长亮
digitalWrite(ledG,LOW);
}
}
```

2. 搭设电路

在图 9-4 所示的电路搭设示意中，增加两只 LED 灯的连接。将绿色 LED 灯的长引脚连接主控板的引脚 A0，将红色 LED 灯的长引脚连接主控板的引脚 A1；将它们的短引脚在面包板上连接在一起，然后连接主控板的引脚 GND，如图 9-6 所示。

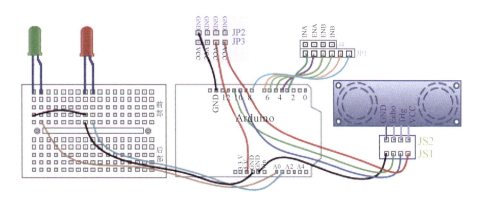

图 9-6　实训程序 9-1 电路搭设示意

3. 运行程序

上传程序。打开教学小车电源开关，当教学小车与障碍物的距离大于 50 cm 时点亮绿色 LED 灯；当距离大于 30 cm，小于等于 50 cm 时红色 LED 灯闪烁；当距离小于等于 30 cm 时红色 LED 灯长亮。

1. 什么是闭环控制？

2. 闭环控制有什么优点和缺点？

3. 如图 9 – 7 所示，主控板控制舵机臂将一个物体从 A 点抓取后放到 B 点。说一说：在这一控制过程中执行器是什么？被控制对象是什么？

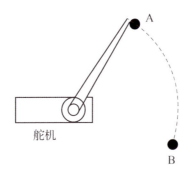

图 9 – 7 　第 3 题

4. 在下列说法中，正确的打"√"，不正确的打"×"。

（1）在一个控制系统中，执行器可以是一个，也可以有多个。　　　　　　　（　　　）

（2）在一个控制系统中，被控制对象可以有多个。　　　　　　　　　　　　（　　　）

（3）在一个闭环控制系统中，可以有或没有被控制对象。　　　　　　　　　（　　　）

（4）一个执行器就是一个被控制对象。　　　　　　　　　　　　　　　　　（　　　）

第 10 课

尾随小车

【项目 10 - 1】 尾随小车。使教学小车尾随前面的物体移动。当前面的物体前进、后退、转弯或停止时，教学小车也跟着前进、后退、转弯或停止。

10.1 项目要点

1. 项目意义
通过项目制作，加深对闭环控制的认识与理解；掌握对多个被控制对象的处理方法。

2. 项目分析
尾随小车实行闭环控制。在控制系统中，执行器是教学小车的左、右电动机，被控制对象是教学小车与移动物体之间的距离，检测装置为超声波传感器。这里对电动机转速仍然实行开环控制（后面对这种情况不再进行说明）。

被控制对象分区示意如图 10 - 1 所示。

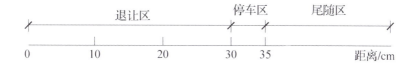

图 10 - 1 被控制对象分区示意

由于本项目涉及教学小车尾随物体转弯的运动，所以需要使用左、右超声波传感器控制教学小车的运动姿态。根据左、右超声波传感器检测的数据确定教学小车前进、右转、左转、后退或停车。

尾随小车运动姿态及参数控制见表 10 - 1。

表 10 - 1 尾随小车运动姿态及参数控制

姿态参数	左		右		图示
	控制距离 dL/cm	电动机转速/ $(\text{r} \cdot \text{min}^{-1})$	控制距离 dR/cm	电动机转速/ $(\text{r} \cdot \text{min}^{-1})$	
前进	dL == dR dL > 35	100	dL == dR dL > 35	100	>35 cm

姿态参数	左		右		图示
	控制距离 dL/cm	电动机转速/ (r·min⁻¹)	控制距离 dR/cm	电动机转速/ (r·min⁻¹)	
右转	dL > dR dL > 35	130	—	80	>35 cm
左转	—	80	dL > dL dR > 35	130	>35 cm
后退	dL < 30	100	dR > 30	100	>30 cm
停车	30 < dL < 35	—	30 < dR < 35	—	>30 cm >35 cm

10.2 编写程序

1. 编程思路

整个编程过程实际上就是将表 10 – 1 所示的各种运动姿态及其对应的参数用代码实现的过程。

（1）声明和定义超声波传感器引脚和左、右电动机引脚，声明左、右超声波传感器探测距离的变量。

（2）左、右超声波传感器分别测量其与前方移动物体的距离。

（3）根据图 10 – 1 所示的各种情况分别控制教学小车前进、右转、左转、后退或停车。

2. 源代码

程序代码如下。

```
/* 项目程序 10 – 1 */
const int mIN1 = 3;          // 声明电动机引脚
const int mIN2 = 4;
const int EN1 = 5;
const int mIN3 = 7;
const int mIN4 = 8;
const int EN2 = 6;

const int trigL = 9;          // 声明左、右超声波传感器引脚
```

```
const int echoL = 10;
const int trigR = 11;
const int echoR = 12;

int dL,dR;                             //左、右距离变量

void setup() {
  pinMode(mIN1,OUTPUT);
  pinMode(mIN2,OUTPUT);
  pinMode(mIN3,OUTPUT);
  pinMode(mIN4,OUTPUT);

  pinMode(trigL,OUTPUT);
  pinMode(echoL,INPUT);
  pinMode(trigR,OUTPUT);
  pinMode(echoR,INPUT);
}

void loop() {
  digitalWrite(trigL,LOW);             //左超声波传感器测距
  delayMicroseconds(2);
  digitalWrite(trigL,HIGH);
  delayMicroseconds(10);
  digitalWrite(trigL,LOW);
  dL = pulseIn(echoL,HIGH)/58.0;

  digitalWrite(trigR,LOW);             //右超声波传感器测距
  delayMicroseconds(2);
  digitalWrite(trigR,HIGH);
  delayMicroseconds(10);
  digitalWrite(trigR,LOW);
  dR = pulseIn(echoR,HIGH)/58.0;

  if((dL == dR)&&(dL > 35))            //前进
  {
    digitalWrite(mIN1,HIGH);
    digitalWrite(mIN2,LOW);
    analogWrite(EN1,100);
    digitalWrite(mIN3,LOW);
    digitalWrite(mIN4,HIGH);
    analogWrite(EN2,100);
  }
  else if((dL > dR)&&(dL > 35))        //右转
  {
    digitalWrite(mIN1,HIGH);
    digitalWrite(mIN2,LOW);
    analogWrite(EN1,130);
    digitalWrite(mIN3,LOW);
    digitalWrite(mIN4,HIGH);
    analogWrite(EN2,80);
```

```
      delay(10);
    }
  else if((dL < dR)&&dR > 35)              //左转
    {
    digitalWrite(mIN1,HIGH);
    digitalWrite(mIN2,LOW);
    analogWrite(EN1,80);
    digitalWrite(mIN3,LOW);
    digitalWrite(mIN4,HIGH);
    analogWrite(EN2,130);
    delay(10);
    }

  else if((dL <=30)&&(dR <=30))            //后退
    {
    digitalWrite(mIN1,LOW);
    digitalWrite(mIN2,HIGH);
    analogWrite(EN1,100);
    digitalWrite(mIN3,HIGH);
    digitalWrite(mIN4,LOW);
    analogWrite(EN2,100);
    }
  else if((dL >30&&dL <=35)&&(dR >30&&dR <=35))    //停车
    {
    digitalWrite(mIN1,LOW);
    digitalWrite(mIN2,LOW);
    digitalWrite(mIN3,LOW);
    digitalWrite(mIN4,LOW);
    }
  }
```

3. 程序注解

1）if((dL == dR)&&(dL > 35))

当教学小车与移动物体的左、右距离相等时，教学小车直线前进。dL > 35 是一个限制条件，即条件 dL == dR 满足时并不能确定教学小车是否前进。例如，当 dL == 20，dR == 20 时，教学小车应该后退。注意，if 条件表达式中省略了 dR > 35 的判断条件，同学们想一想这是为什么。

2）if((dL > dR)&&(dL > 35))

教学小车与移动物体之间，左边的距离大于右边的距离，并且左边的距离大于 35 cm 时教学小车右转。

条件表达式中的第二个关系表达式为什么是 dL > 35，而不是 dR > 35 呢？同学们要注意细心分析。

如果在 dL > dR 时，将 dL > 35 改变为 dR > 35，那么教学小车处于图 10 - 2 所示的情况下，移动物体处于虚线位置时不属于表 10 - 1 中 5 种运动姿态的任何一种。对这种状态没有任何指令进行控制，只能等前面的物体再移动一会儿后教学小车才执行右转的指令，但这不是一个严谨的控制。

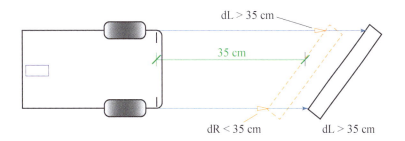

图 10-2　教学小车右转姿态控制分析示意

源代码中其他几种姿态的控制是显而易见的。

10.3　项目体验

1. 搭设电路

1）连接超声波传感器

左超声波传感器插接在教学小车左前方 JS6 引脚接口上，右超声波传感器插接在右前方引脚 JS2 上。

从 JS5 引脚接口将左超声波传感器的电源引脚 VCC、发射引脚 Trig、接收引脚 Echo、接地引脚 GND 依次连接教学小车的电源引脚 VCC，主控板的引脚 9、10、GND；从 JS1 引脚接口将右超声波传感器引脚 VCC、Trig、Echo、GND 依次连接教学小车的电源引脚 VCC，主控板的引脚 11、12、GND。

2）连接教学小车左、右电动机

从小车左前方 JP1 引脚接口将左、右电动机的引脚 IN1、IN2、EN1、EN2、IN3、IN4 依次连接主控板的引脚 3、4、5、6、7、8。

3）连接电源

将教学小车的电源引脚 VCC、GND 依次连接主控板的引脚 5 V、GND。

项目程序 10-1 电路搭设示意如图 10-3 所示。

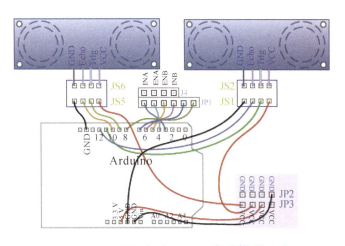

图 10-3　项目程序 10-1 电路搭设示意

2. 运行程序

上传程序。

打开教学小车电源开关，在教学小车前面移动一个物体，教学小车会随着物体的移动而移动。

移动物体时最好让两个超声波传感器有一个足够的照射面，如书本等。例如：用一根细长的棍子竖着在教学小车前面移动不会有很好的效果。

课后练习

1. 在项目程序 10-1 中，左超声波传感器与右超声波传感器是通过哪两条语句反馈被控制对象的信息的？

2. 编写程序，用左、右两个超声波传感器探测前方物体的距离。当左超声波传感器探测的距离大于右侧距离时，点亮面包板左侧的 LED 灯；反之，点亮面包板右侧的 LED 灯；如果两侧距离相等，同时点亮左、右 LED 灯。

第 11 课

循迹入库

【项目11-1】 循迹入库。用3路灰度传感器控制教学小车停车入库。

11.1 项目要点

1. 项目意义

在实际应用中，为了对外部环境或被控制对象进行准确、可靠的检测，往往使用多个传感器采集外部信息。通过项目制作，了解被控制对象的位置控制方法，初步掌握在闭环控制中多路信息反馈的运用。

2. 项目分析

让教学小车沿着一条黑色引导线停入车库，如图11-1所示。

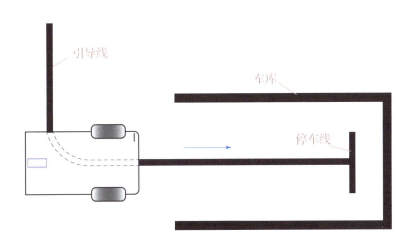

图11-1 循迹入库场地布置示意

在循迹入库过程中，为了获得更多外部信息，采用3路灰度传感器循迹。灰度传感器为数字传感器，探测到黑色返回高电平信号1，探测到白色返回低电平信号0。

循迹原理为，当中间灰度传感器探测到黑色时教学小车前行；当左灰度传感器探测到黑色时教学小车左转；当右灰度传感器探测到黑色时教学小车右转；当3个灰度传感器同时探测到白色或黑色时教学小车停止，见表11-1。

表11-1中，第一行"100"代表左中右3路灰度传感器的信号值，"1"表示左灰度传感器探测到黑色，"0"表示中间灰度传感器和右灰度传感器探测到白色，其余4种状态依此类推。

表 11-1　教学小车姿态控制（一）

信号值			图示	姿态
1	0	0		左转
0	1	0		前行
0	0	1		右转
1	1	1		停车
0	0	0		停车

但是，表 11-1 只是为了弄清基本原理所做的粗略分析。实际上教学小车在运动过程中，还存在其中 2 路灰度传感器同时探测到黑色的可能。

例如，当左灰度传感器和中间灰度传感器同时探测到黑色时，3 个灰度传感器的信号值为"110"，这时仍然教学小车需要左转。因此，对表 11-2 应进一步完善，见 11-2 所示。

表 11-2　教学小车姿态控制（二）

信号值			图示	姿态	轨迹偏差变量
1	0	0		左转	er=-1
1	1	0			
0	1	0		前行	er=0
0	0	1		右转	er=1
1	1	1			
1	1	1		停车	er=2
0	0	0		停车	er=2

3. 3 路灰度传感器模块

3 路灰度传感器模块是一种数字量传感器模块，由 3 个具有独立芯片的灰度传感器组成。灰度传感器的 3 个循迹探头间距为 24 ms，对黑色物体的反应信号值为 1，对白色物体的反应信号值为 0，如图 11-2 所示。

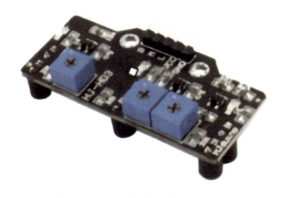

图 11-2　3 路灰度传感器模块

灰度传感器引脚及工作参数如下。

引脚 OUT1（R）：右路信号引脚；

引脚 OUT2（M）：中路信号引脚；

引脚 OUT3（L）：左路信号引脚；

引脚 5 V（VCC）：电源引脚（＋）；

引脚 GND：接地引脚（－）。

工作电压：5 V；

探测距离：10～50 mm。

11.2 编写程序

1. 编程思路

（1）声明变量。

①灰度传感器引脚信号变量。

用数组的形式声明多个灰度传感器信号引脚的变量既简明又方便。在程序中，用数组声明灰度传感器的 3 个信号引脚的变量，并初始化为 0：

$$s[3] = \{0,0,0\}$$

其中，$s[0]$ 为左灰度传感器引脚信号变量，$s[1]$ 为中间灰度传感器引脚信号变量，$s[2]$ 为右灰度传感器引脚信号变量。

例如，3 个灰度传感器信号引脚的信号值可以分别用数组表示如下：

$\{1,0,0\}$，各引脚的信号值为 $s[0] = 1$，$s[1] = 0$，$s[2] = 0$；

$\{0,1,0\}$，各引脚的信号值为 $s[0] = 0$，$s[1] = 1$，$s[2] = 0$；

$\{0,0,1\}$，各引脚的信号值为 $s[0] = 0$，$s[1] = 0$，$s[2] = 1$。

当然也可以用普通变量来定义，如 s0、s1、s2。但是，当变量比较多的时候，普通变量使用起来没有数组变量方便和直观。

②偏差值变量。

用变量 er 表示灰度传感器探测教学小车实际运动轨迹与黑色引导轨迹的偏差，详见程序注解。

（2）定义函数。

用自定义函数分别实现读灰度传感器信号及教学小车电动机驱动功能。

（3）在 loop（）函数中调用相关函数实现教学小车循迹入库。

2. 源程序

程序代码如下。

```
/*项目程序 11 -1 */
const int mIN1 =3;        //声明电动机引脚
const int mIN2 =4;
const int EN1 =5;
const int mIN3 =7;
const int mIN4 =8;
const int EN2 =6;
```

```
const int sPin0 = A0;                   //声明灰度传感器引脚
const int sPin1 = A1;
const int sPin2 = A2;

int er = 0;                             //声明轨迹偏差变量
int s[3] = {0,0,0};                     //声明灰度传感器信号变量

void setup() {
  pinMode(mIN1,OUTPUT);
  pinMode(mIN2,OUTPUT);
  pinMode(mIN3,OUTPUT);
  pinMode(mIN4,OUTPUT);

  pinMode(sPin0,INPUT);
  pinMode(sPin1,INPUT);
  pinMode(sPin2,INPUT);
}

void loop() {
  read_sPin();              //调用读灰度传感器引脚信号函数
  if(er ==0)                //如果偏差为 0 则前进
    forward();
  else if(er ==1)           //如果偏差为 1 则右转
    turnRight();
  else if(er == -1)         //如果偏差为 -1 则左转
    turnLeft();
  else if(er ==2)           //如果偏差为 2 则停车
    Stop();
}


/*********************** ****************************
read_sPin()函数 -- 读灰度传感器信号
*********************************************** /
int read_sPin()
{
  s[0] = digitalRead(sPin0);                //读灰度传感器信号
  s[1] = digitalRead(sPin1);
  s[2] = digitalRead(sPin2);

  if((s[0] ==0&&s[1] ==0&&s[2] ==1) ||
     (s[0] ==0&&s[1] ==1&&s[2] ==1))        //001 或 011 右转
    er =1;
  else if(s[0] ==0&&s[1] ==1&&s[2] ==0)     //010 直行
    er =0;
  else if((s[0] ==1&&s[1] ==0&&s[2] ==0) ||
          (s[0] ==1&&s[1] ==1&&s[2] ==0))   //100 或 110 左转
    er = -1;
  else if(s[0] ==1&&s[1] ==1&&s[2] ==1)     //111 停车
    er =2;
```

```
  else if(s[0]==0&&s[1]==0&&s[2]==0)        //000 停车
    er=2;
  return er;
}


/*********************************
forward()函数——教学小车前进
********************************* /
void forward()
{
  digitalWrite(mIN1,HIGH);
  digitalWrite(mIN2,LOW);
  analogWrite(EN1,100);
  digitalWrite(mIN3,LOW);
  digitalWrite(mIN4,HIGH);
  analogWrite(EN2,100);
}


/**********************************
turnLeft()子函数——教学小车左转
********************************** /
void turnLeft()
{
  digitalWrite(mIN1,HIGH);
  digitalWrite(mIN2,LOW);
  analogWrite(EN1,0);
  digitalWrite(mIN3,LOW);
  digitalWrite(mIN4,HIGH);
  analogWrite(EN2,100);
}


/**********************************
turnRight()函数——教学小车右转
********************************** /
void turnRight()
{
  digitalWrite(mIN1,HIGH);
  digitalWrite(mIN2,LOW);
  analogWrite(EN1,100);
  digitalWrite(mIN3,LOW);
  digitalWrite(mIN4,HIGH);
  analogWrite(EN2,0);
}


/**********************************
stop()函数—停车
********************************** /
void Stop()
{
  digitalWrite(mIN1,HIGH);
  digitalWrite(mIN2,HIGH);
```

```
    digitalWrite(mIN3,HIGH);
    digitalWrite(mIN4,HIGH);
}
```

3. 程序注解

1）程序首部

声明相关变量。

（1）灰度传感器引脚变量。将主控板模拟输入引脚 A0 ~ A2 用作数字引脚，分别对应灰度传感器信号引脚 L（左）、M（中）、R（右）。

（2）er 为教学小车（灰度传感器）轨迹偏差变量，用于判断教学小车的运动姿态。er 的取值方式如下。

当左灰度传感器探测到黑色时 er = −1，当中间灰度传感器探测到黑色时 er = 0，当右灰度传感器探测到黑色时 er = 1，当 3 个灰度传感器同时探测到黑色或白色时 er = 2。各种偏差及运动姿态控制见表 11 − 2。

（3）s[3]为数组变量。3 个灰度传感器的信号变量分别用数组下标表示。数组下标 0 为左灰度传感器信号变量，数组下标 1 为中间灰度传感器信号变量，数组下标 2 为右灰度传感器信号变量。用 s[0]、s[1]、s[2]分别存储 3 个灰度传感器的信号。

2）read_sPin( ) 函数

read_sPin( ) 函数是一个具有返回值的函数，它的返回值为整数，因此它的函数类型为整型，即 int rdad_sPin( )。

（1）读写灰度传感器信号。函数首部用读数字信号函数 digitalRead( ) 分别读取 3 个灰度传感器的信号值，并存入与数组对应的下标元素。如左灰度传感器信号对应的下标为 0，则

$$s[0] = digitalRead(sPin0)$$

语句将读取引脚 A0 灰度传感器的信号值存入数组 s[0]。

（2）标记误差。

接下来用 5 个 if 语句标记误差。以第一个 if 语句为例：

```
if((s[0]==0&&s[1]==0&&s[2]==1)||
    (s[0]==0&&s[1]==1&&s[2]==1))    //001 或 011 右转
    er=1;
```

上面的 if 语句是对函数首部读入的 3 个灰度传感器引脚的信号值分别进行判断，如果判断的结果为"0 0 1"或"0 1 1"，则说明右灰度传感器探测到黑色或中间灰度传感器与右灰度传感器同时探测到黑色，这时教学小车要右转。于是，将这种状态标记为 er = 1，调整教学小车姿态时只要判断 er 为 1 就驱动教学小车右转，见表 11 − 2。

注意，这与前面的红外循迹程序中直接用 HIGH 或 LOW 进行比较与判断是一样的，只是因为传感器数量少而没有必要使用这种标记方法。

3）loop( ) 函数

函数首部调用 read_sPin( ) 函数读灰度传感器引脚信号。

接下来根据 read_sPin( ) 函数返回的 er 值进行教学小车运动姿态的调整。

11.3　项目体验

1）固定 3 路灰度传感器模块

用 2 根 M3×23 mm 铜柱将 3 路灰度传感器模块固定在教学小车头部，如图 11－3 所示。

图 11－3　3 路灰度传感器模块固定示意

2）连接灰度传感器

将灰度传感器引脚用 10 cm 跳线依次连接到教学小车底部的 JS7 引脚接口，灰度传感器引脚与 JS7 引脚接口的对应关系为 GND－7、VCC－8、L－9、M－10、R－11，再从 JS3 引脚接口依次将引脚 7、8、9、10、11 连接到主控板的引脚 GND，教学小车电源引脚 VCC 及主控板的引脚 A0、A1、A2。

3）连接教学小车电动机引脚

将教学小车左前部 JP1 引脚 IN1、IN2、EN1、EN2、IN3、IN4 依次连接主控板的引脚 3、4、5、6、7、8。

4）连接电源

将教学小车电源引脚 VCC、GND 对应连接主控板的引脚 5 V、GND。

项目程序 11－1 电路搭设示意如图 11－4 所示。

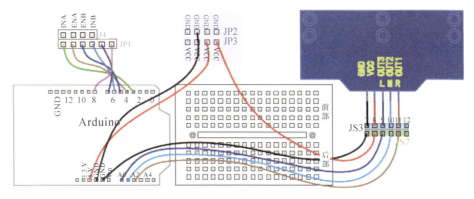

图 11－4　项目程序 11－1 电路搭设示意

2. 场地布置

用宽度为 24 mm 的黑色胶带按图 11 – 1 进行布置，其他尺寸根据教学小车的长度及宽度确定。

3. 运行程序

上传程序。

将教学小车放置在引导线的起点处，打开电源开关，教学小车沿着引导线驶入车库。

如果教学小车不能顺利入库，可能是因为引导线转弯半径过小或左、右轮速度不匹配。

（1）适当增大引导线转弯半径。

（2）调整左轮或右轮的速度。由于教学小车电动机是开环控制，电动机的实际输出转速并不一定等于设置的目标转速，所以应根据实际情况调整左、右电动机的转速。

例如，设置左转时左、右电动机的转速为（0，100），而右电动机的实际转速只有 80 r/min，那么教学小车左转时电动机转速大约应设置为（0，120）。

当然，这里的实际转速 80 r/min 只是一个假设。体验时最直接的办法就是先将左轮与右轮设置成相同的速度，然后调整任意一边的电动机转速，让教学小车基本上走出一条直线，再看它们的速度差是多少并记录下来就行了。

课后练习

1. 让循迹入库的教学小车走直线、S 线和弧线，如图 11 – 5 所示。

图 11 – 5　第 1 题图

2. 想一想：在项目 11 – 1 中，黑色胶带宽度为 24 mm，两个灰度传感器的间距为 24 mm，教学小车能不能转过 90°的弯道？如果能，说说为什么；如果不能，思考有没有解决的办法（图 11 – 6）。

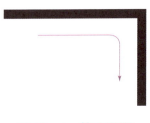

图 11 – 6　第 2 题图

第12课

走十字的机器人

【项目12-1】 走十字的机器人。用5路灰度传感器控制机器人穿过十字路口。

12.1 项目要点

1. 项目意义

进一步认识闭环控制中的位置控制。通过项目训练，分析和总结在程序设计中如何实现控制目标。

2. 项目分析

项目12-1是项目11-1的拓展，也是项目13-1的基础。

在机器人控制中，对于某些被控对象如果采集的外部信息过少，会很难进行控制或根本无法控制。

例如循迹机器人，如果用1路灰度传感器控制，只能对单一的直线或弧线进行循迹；如果用3路灰度传感器控制，则无法对比较复杂的路线进行循迹。

走十字的机器人循迹路线如图12-1所示。

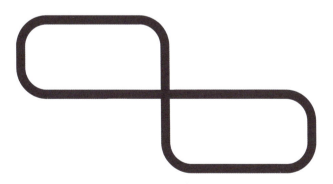

图 12-1 走十字的机器人循迹路线

本项目用3路灰度传感器模块完全可以实现图12-1所示的循迹路线，但是作为项目13-1的基础，这里用5路灰度传感器模块进行控制，以熟悉多路传感器对目标位置控制的基本方法。

1）5路灰度传感器模块

5路灰度传感器模块与3路灰度传感器模块的原理与工作参数相同，只是多了2路循迹探头，如图12-2所示。

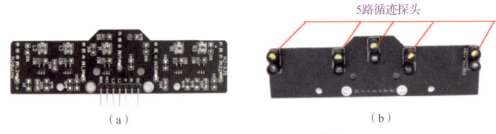

（a）   （b）

图 12 – 2　5 路灰度传感器模块

（a）上部；（b）底部

2）循迹探头编号

循迹探头从左至右依次编号为 0，1，2，3，4，如图 12 – 3 所示。

图 12 – 3　循迹探头编号及间距示意

3）各循迹探头与路线（黑色）的位置关系

循迹线宽为 24 mm，各循迹探头间距如图 12 – 3 所示。循迹探头与黑色路线的位置关系及姿态控制见表 12 – 1。

表 12 – 1　循迹探头与黑色路线的位置关系及姿态控制

位置	信号	姿态控制	偏差标记(er)
	00001	右大转	er=2
	00010	右中转	er=1
	00110	右小转	er=1
	00100	前进	er=0
	01100	左小转	er=−1
	01000	左中转	er=−1
	10000	左大转	er=−2
	11111	前进(十字路口)	er=0
	00000	停车	er=4

在表 12 – 1 中，"位置"为机器人循迹时循迹探头与路线的相对位置；"信号"为各路灰度传感器的返回值，黑色为 1，白色为 0。根据循迹探头的分布间距，中间的 3 个循迹探头每相邻 2 个可能同时探测到黑色，左边 0 号循迹探头和右边 4 号循迹探头不可能与其相邻的 1 号或 3 号循迹探头同时探测到黑色；"姿态控制"除十字路口的控制与项目 11 – 1 有所区别外，其他部分基本相同；"偏差标记"中，为了在后面的编程中简化程序代码，将"中转"和"小转"标记为相同的偏差，即将"中转"和"小转"作为同一种姿态控制。

4）定义数组

定义一个长度为 5 的数组，用于存储 5 路灰度传感器的信息反馈值。

12.2　编写程序

1）读灰度传感器信号

定义一个长度为5的数组 s[5]，分别读各路灰度传感器的信号值并将它存入数组。根据读取的信号判断循迹探头与路线的相对位置，然后标记它们的偏差 er。

2）调整机器人的运动姿态

根据 er 的值对照表12-1调整机器人的运动姿态：右大转、右小转、左大转、左小转、前进、停车。

3）编写函数

（1）编写一个读灰度传感器信号函数，实现读信号、判断位置、标记偏差的功能。

（2）编写电动机驱动函数，实现对机器人6种姿态的控制功能。

4）调用函数

在 loop()函数中，根据机器人当前的循迹位置调用对应的电动机驱动函数，实现机器人循迹功能。

程序代码如下。

```
/*项目程序12-1*/
const int mIN1 =3;        //声明电动机引脚
const int mIN2 =4;
const int EN1 =5;
const int mIN3 =7;
const int mIN4 =8;
const int EN2 =6;

const int sPin0 =9;       //声明灰度传感器引脚变量
const int sPin1 =10;
const int sPin2 =11;
const int sPin3 =12;
const int sPin4 =13;

int er =0;                //声明偏差变量
int s[5] ={0,0,0,0,0};    //声明数组

void setup() {
  pinMode(mIN1,OUTPUT);   //定义电动机引脚模式
  pinMode(mIN2,OUTPUT);
  pinMode(mIN3,OUTPUT);
  pinMode(mIN4,OUTPUT);
```

```
    pinMode(sPin0,INPUT);    //定义灰度传感器引脚模式
    pinMode(sPin1,INPUT);
    pinMode(sPin2,INPUT);
    pinMode(sPin3,INPUT);
    pinMode(sPin4,INPUT);
}

void loop() {
    read_sPin();              //调用读灰度传感器信号函数

    if(er ==0)                //直行
        forward();
    else if(er ==2)           //右大转
        turnRight2();
    else if(er ==1)           //右小转
        turnRight1();
    else if(er == -2)         //左大转
        turnLeft2();
    else if(er == -1)         //左小转
        turnLeft1();
    else if(er ==4)           //停车
        Stop();
}


/*************************************************************
                    read_sPin()函数
************************************************************* /
int read_sPin()
{
    s[0] =digitalRead(sPin0);
    s[1] =digitalRead(sPin1);
    s[2] =digitalRead(sPin2);
    s[3] =digitalRead(sPin3);
    s[4] =digitalRead(sPin4);

    if(s[0] ==1&&s[1] ==1&&s[2] ==1&&s[3] ==1&&s[4] ==1) //11111 直行
        er =0;
    else if(s[0] ==0&&s[1] ==0&&s[2] ==1&&s[3] ==0&&s[4] ==0)  //00100  直行
        er =0;
    else if(s[0] ==0&&s[1] ==0&&s[2] ==0&&s[3] ==0&&s[4] ==1)  //00001  右大转
        er =2;
    else if(s[0] ==0&&s[1] ==0&&s[2] ==0&&s[3] ==1&&s[4] ==0)  //00010  右小转
        er =1;
    else if(s[0] ==0&&s[1] ==0&&s[2] ==1&&s[3] ==1&&s[4] ==0)  //00110  右小转
        er =1;
    else if(s[0] ==1&&s[1] ==0&&s[2] ==0&&s[3] ==0&&s[4] ==0) //10000   左大转
        er = -2;
    else if(s[0] ==0&&s[1] ==1&&s[2] ==0&&s[3] ==0&&s[4] ==0) //01000   左小转
        er = -1;
    else if(s[0] ==0&&s[1] ==1&&s[2] ==1&&s[3] ==0&&s[4] ==0) //01100   左小转
```

```
      er = -1;
    else if(s[0]==0&&s[1]==0&&s[2]==0&&s[3]==0&&s[4]==0)  //00000  停车
      er = 4;
    return er;
  }
/*********************************
          forward()函数——前进
********************************* /
void forward()
  {
    digitalWrite(mIN1,HIGH);
    digitalWrite(mIN2,LOW);
    analogWrite(EN1,100);
    digitalWrite(mIN3,LOW);
    digitalWrite(mIN4,HIGH);
    analogWrite(EN2,100);
  }


/***********************************
          turnRight2()函数——右大转
*********************************** /
void turnRight2()
  {
    digitalWrite(mIN1,HIGH);
    digitalWrite(mIN2,LOW);
    analogWrite(EN1,150);
    digitalWrite(mIN3,LOW);
    digitalWrite(mIN4,HIGH);
    analogWrite(EN2,80);
  }
/***********************************
        turnRight1()函数——右小转
*********************************** /
void turnRight1()
  {
    digitalWrite(mIN1,HIGH);
    digitalWrite(mIN2,LOW);
    analogWrite(EN1,110);
    digitalWrite(mIN3,LOW);
    digitalWrite(mIN4,HIGH);
    analogWrite(EN2,80);
  }


/***********************************
          turnLeft2()子函数——左大转
*********************************** /
void turnLeft2()
  {
    digitalWrite(mIN1,HIGH);
    digitalWrite(mIN2,LOW);
```

```
    analogWrite(EN1,80);
    digitalWrite(mIN3,LOW);
    digitalWrite(mIN4,HIGH);
    analogWrite(EN2,150);
}


/*********************************
          turnLeft1()函数——左小转
********************************** /
void turnLeft1()
{
    digitalWrite(mIN1,HIGH);
    digitalWrite(mIN2,LOW);
    analogWrite(EN1,80);
    digitalWrite(mIN3,LOW);
    digitalWrite(mIN4,HIGH);
    analogWrite(EN2,110);
}


/*********************************
            Stop()函数—停车
********************************** /
void Stop()
{
    digitalWrite(mIN1,LOW);
    digitalWrite(mIN2,LOW);
    digitalWrite(mIN3,LOW);
    digitalWrite(mIN4,LOW);
}
```

3. 程序注解

1) read_sPin()函数

函数首部用数组下标变量读灰度传感器信号并存入数组 s[5]。s[0]读 0 号灰度传感器信号值，s[1]读 1 号灰度传感器信号值，余下类推。

接下来根据数组中 5 个灰度传感器的信号判断灰度传感器与路线的相对位置，然后对不同的位置状态进行相应的偏差标记。例如，当 4 号灰度传感器探测到黑色，其他灰度传感器探测到白色时，说明机器人已经偏离到了路线的最右侧，标记偏差 er = 2。相关代码如下所示。

```
else if(s[0]==0&&s[1]==0&&s[2]==0&&s[3]==0&&s[4]==1)    //00001  右大转
    er=2;
```

当 5 个灰度传感器都探测到黑色时，说明机器人已经到了十字路口，机器人直行。相关代码如下所示。

```
if(s[0]==1&&s[1]==1&&s[2]==1&&s[3]==1&&s[4]==1) //11111 直行
    er=0;
```

read_sPin()函数是表 12 - 1 的代码表现形式，每个 if 条件表达式对应表 12 - 1 中的一种位置关系及偏差等级。编写代码前要先理顺表 12 - 1 中的相互关系。

2）电动机驱动函数

电动机驱动函数中除了停车函数外，其他函数都涉及电动机转速设置问题。电动机驱动函数中的电动机转速，是在假设左、右电动机的输入量与实际输出量一致的前提下设置的。进行项目体验时要根据电动机的实际状况进行设置与调整。

3）loop( )函数

函数首部调用 read_sPin( ) 函数读 5 路灰度传感器的信号值，read_sPin( ) 函数通过 return 语句将 er 的值返回给主调函数。

接下来 loop( ) 函数根据返回的 er 值调用相应的电动机驱动函数，控制机器人的运动姿态。

12.3 项目体验

1. 固定灰度传感器

用 2 根 M3×22 mm 铜柱、4 颗 M3 mm 螺丝将 5 路灰度传感器固定在教学小车头部，如图 12 - 4 所示。

图 12 - 4　固定灰度传感器

2. 搭设电路

1）连接灰度传感器

用 10 cm 跳线，将 5 路灰度传感器的引脚 GND、VCC 连接教学小车底部 JS8 引脚接口的 1、2 号引脚；引脚 L2、L1、M、R1、R2 依次连接 JS7 引脚接口的 7、8、9、10、11 号引脚。

再从教学小车上部的 JS4 引脚接口将引脚 1、2 依次对应连接主控板的引脚 GND、教学小车电源引脚 VCC；从 JS3 引脚接口将引脚 7、8、9、10、11 依次连接主控板的引脚 9、10、11、12、13。

2）连接教学小车电动机

从教学小车左前方的 JP1 引脚接口将引脚 IN1、IN2、EN1、EN2、IN3、IN4 依次连接主控板的引脚 3、4、5、6、7、8。

3）连接电源

将教学小车的电源引脚 VCC、GND 对应连接主控的引脚 5 V、GND。

项目程序 12 – 1 电路搭设示意如图 12 – 5 所示。

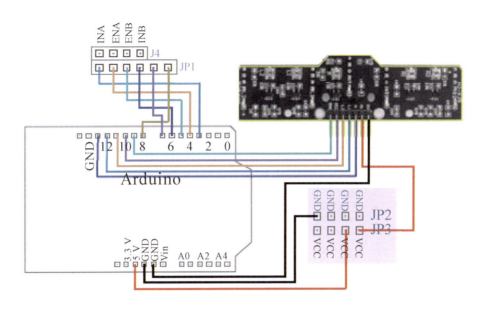

图 12 – 5　项目程序 12 – 1 电路搭设示意

3. 场地布置

根据实训场地的大小，按照图 12 – 1 所示的路线，用 24 mm 黑色胶带进行铺设。注意，弯道半径取大于等于 30 cm。

4. 运行程序

上传程序。先让灰度传感器的中间探头对准黑色路线，打开教学小车电源开关，机器人开始循迹。

注意，如果机器人总是偏航，应对教学小车左、右电动机转速反复进行调整，直到机器人可以正常循迹为止。

课后练习

将项目程序 12 – 1 中 loop( ) 函数内的 if 语句（下面代码中的橙色部分）修改为 switch 语句，即用 switch 语句调用教学小车电动机驱动函数控制机器人运动。

```
void loop() {
  read_sPin();        //调用读灰度传感器信号函数

  if(er ==0)          //直行
    forward();
  else if(er ==2)     //右大转
    turnRight2();
  else if(er ==1)     //右小转
    turnRight1();
  else if(er == -2)   //左大转
```

```
        turnLeft2();
    else if(er == -1)      //左小转
        turnLeft1();
    else if(er ==4)        //停车
        Stop();
}
```

第 *13* 课

直角转弯的机器人

【项目13-1】　直角转弯的机器人。用5路灰度循迹传感器控制机器人走直角路线。

13.1　项目要点

项目13-1是项目12-1的延续，在项目12-1的基础上增加了直角转弯的路线元素。

1. 循迹路线

走直角的机器人的循迹路线包括直线、弧线、十字路口和直角4种元素。这是机器人循迹最基本的元素，其中直角是难度比较大的一种元素。但是，只要弄清楚机器人循迹控制的基本原理，问题就会迎刃而解。

项目13-1循迹路线示意如图13-1所示。

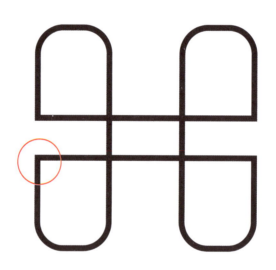

图13-1　项目13-1循迹路线示意

2. 直角弯道位置分析

以图13-1中红色圆圈内的直角弯道为例进行分析。假设机器人在此处右转，5路灰度传感器在弯道处的位置关系如图13-2所示。

直角转弯时必须将图13-2所示的情形都考虑进去，这样才能保证机器人行进到直角延时，无论在哪种情形下都能右转。将偏差标记为3。

直角左转的原理与直角右转相同，偏差标记为 er = -3。

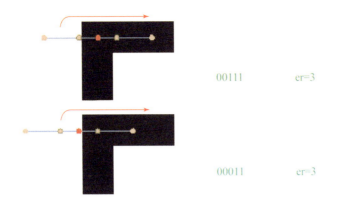

00111   er=3

00011   er=3

图 13 – 2   直角弯道处灰度传感器位置与偏差标记

3. 直角转弯的程序实现方法

机器人直角转弯至少有两种实现方法：用延时函数控制转弯、用循环语句控制转弯。

1) 用延时函数控制转弯

当机器人行进到直角转弯处时，给机器人输入左转或右转指令，并用 delay( ) 函数延时，延时结束后机器人接收后面的控制指令继续行进。

用延时函数控制机器人直角转弯的方法简单明了，非常好理解。机器人转过直角弯道需要多长时间就延时多少毫秒。

但是，这种方法虽然语句简单，但操作起来比较麻烦。从图 13 – 2 可以看出，机器人直角转弯时至少存在 2 种以上的情形，每种情形下的转弯时间都不相等，加上电动机的输入量与输出量存在偏差，或左、右电动机偏差不一致时，调试会很麻烦。

2) 用循环语句控制转弯

用循环语句控制转弯的方法能够很好地克服用延时函数控制转弯方法的缺点，但是需要正确给出循环控制的条件。本项目采用循环控制方法。

很明显，机器人转过直角弯道时事先并不知道需要多长时间。因此，只能用无限循环语句进行控制，当机器人转过直角弯道后用 break 语句跳出循环。

用 while(1) 语句实现循环功能。进入循环的条件已经知道了，即图 13 – 2 所示的 er = 3，现在需要解决的问题是如何确定跳出循环的条件。

以右转为例，跳出循环前，机器人转弯时至少存在 3 种情形，如图 13 – 3 所示。

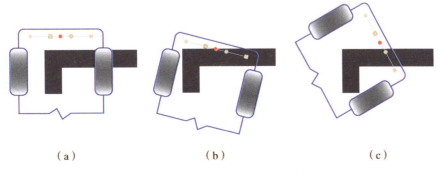

（a）   （b）   （c）

图 13 – 3   直角弯道位置示意

（a）情形一 00000；（b）情形二 00111；（c）情形三 00010

第一种情形是机器人运动的惯性产生的，除非机器人的运动速度极低才不会存在这种情形。但是，机器人要转过直角弯道，总会出现第三种情形，因此第三种情形就是跳出循环的条件。

机器人处于图 13 - 3 中的情形三时，3 号灰度传感器的信号值为 s[3] = 1，4 号灰度传感器的信号值为 s[4] = 0，于是得到跳出循环的条件为

$$s[3] == 1\&\&s[4] == 0$$

将上面的分析在程序中用相应的语句表现出来，就能让机器人转过直角弯道了。

13.2 编写程序

1. 编程思路

以项目程序 12 - 1 为基础，增加对机器人直角左转和直角右转的控制，并将 loop( ) 函数中的 if 控制语句改为 switch 控制语句。

2. 源代码

程序代码如下。

```
/* 项目程序 13 - 1 */
const int mIN1 = 3;          //声明电动机引脚
const int mIN2 = 4;
const int EN1 = 5;
const int mIN3 = 7;
const int mIN4 = 8;
const int EN2 = 6;

const int sPin0 = 9;         //声明灰度传感器引脚变量
const int sPin1 = 10;
const int sPin2 = 11;
const int sPin3 = 12;
const int sPin4 = 13;

int er = 0;                  //声明偏差变量
int s[5] = {0,0,0,0,0};      //声明数组

void setup() {
  pinMode(mIN1,OUTPUT);      //定义电动机引脚模式
  pinMode(mIN2,OUTPUT);
  pinMode(mIN3,OUTPUT);
  pinMode(mIN4,OUTPUT);

  pinMode(sPin0,INPUT);      //定义灰度传感器引脚模式
  pinMode(sPin1,INPUT);
  pinMode(sPin2,INPUT);
  pinMode(sPin3,INPUT);
  pinMode(sPin4,INPUT);
}
```

```
void loop( ) {
  read_sPin( );                    //调用读灰度传感器信号函数

  switch(er)
  {
    case 0:
      forward( ); break;           //直行
    case 1:
      turnRight1( ); break;        //右小转
    case 2:
      turnRight2( ); break;        //右大转
    case -1:
      turnLeft1( ); break;         //左小转
    case -2:
      turnLeft2( ); break;         //左大转
    case 3:
      turnRight90( ); break;       //右转90°
    case -3:
      turnLeft90( ); break;        //左转90°
    case 4:
      Stop( );         break;      //停车
  }
}


/*********************  *************************
                 read_sPin( )函数
************************************************** /
int read_sPin( )
{
  s[0] = digitalRead(sPin0);
  s[1] = digitalRead(sPin1);
  s[2] = digitalRead(sPin2);
  s[3] = digitalRead(sPin3);
  s[4] = digitalRead(sPin4);

  if(s[0] ==1&&s[1] ==1&&s[2] ==1&&s[3] ==1&&s[4] ==1)      //11111 直行
    er = 0;
  if(&&s[1] ==1&&s[2] ==1&&s[3] ==1)                        //111 直行
    er = 0;
  else if(s[0] ==0&&s[1] ==0&&s[2] ==1&&s[3] ==0&&s[4] ==0) //00100  直行
    er = 0;
  else if(s[0] ==0&&s[1] ==0&&s[2] ==0&&s[3] ==0&&s[4] ==1) //00001 右大转
    er = 2;
  else if(s[0] ==0&&s[1] ==0&&s[2] ==0&&s[3] ==1&&s[4] ==0) //00010 右小转
    er = 1;
  else if(s[0] ==0&&s[1] ==0&&s[2] ==1&&s[3] ==1&&s[4] ==0) //00110 右小转
    er = 1;
  else if(s[0] ==1&&s[1] ==0&&s[2] ==0&&s[3] ==0&&s[4] ==0) //10000 左大转
    er = -2;
  else if(s[0] ==0&&s[1] ==1&&s[2] ==0&&s[3] ==0&&s[4] ==0) //01000 左小转
```

```
      er = -1;
    else if(s[0]==0&&s[1]==1&&s[2]==1&&s[3]==0&&s[4]==0) //01100 左小转
      er = -1;
    else if(s[0]==0&&s[1]==0&&s[2]==0&&s[3]==1&&s[4]==1) //00011 右转90°
      er =3;
    else if(s[0]==0&&s[1]==0&&s[2]==1&&s[3]==1&&s[4]==1) //00111 右转90°
      er =3;
    else f(s[0]==1&&s[1]==1&&s[2]==0&&s[3]==0&&s[4]==0) //11000 左转90°
      er = -3;
    else f(s[0]==1&&s[1]==1&&s[2]==1&&s[3]==0&&s[4]==0) //11100 左转90°
      er = -3;
    else if(s[0]==0&&s[1]==0&&s[2]==0&&s[3]==0&&s[4]==0) //00000 停车
      er =4;
    return er;
}


/*********************************
          forward()函数——前进
********************************* /
void forward()
{
  digitalWrite(mIN1,HIGH);
  digitalWrite(mIN2,LOW);
  analogWrite(EN1,100);
  digitalWrite(mIN3,LOW);
  digitalWrite(mIN4,HIGH);
  analogWrite(EN2,100);
}


/***********************************
        turnRight2()函数——右大转
*********************************** /
void turnRight2()
{
  digitalWrite(mIN1,HIGH);
  digitalWrite(mIN2,LOW);
  analogWrite(EN1,150);
  digitalWrite(mIN3,LOW);
  digitalWrite(mIN4,HIGH);
  analogWrite(EN2,80);
}


/************************************
          turnRight1()函数——右小转
************************************ /
void turnRight1()
{
  digitalWrite(mIN1,HIGH);
  digitalWrite(mIN2,LOW);
  analogWrite(EN1,110);
```

```
  digitalWrite(mIN3,LOW);
  digitalWrite(mIN4,HIGH);
  analogWrite(EN2,80);
}


/*****************************************
         turnLeft2()子函数——左大转
***************************************** /
void turnLeft2()
{
  digitalWrite(mIN1,HIGH);
  digitalWrite(mIN2,LOW);
  analogWrite(EN1,80);
  digitalWrite(mIN3,LOW);
  digitalWrite(mIN4,HIGH);
  analogWrite(EN2,150);
}


/*****************************************
         turnLeft1()函数——左小转
***************************************** /
void turnLeft1()
{
  digitalWrite(mIN1,HIGH);
  digitalWrite(mIN2,LOW);
  analogWrite(EN1,80);
  digitalWrite(mIN3,LOW);
  digitalWrite(mIN4,HIGH);
  analogWrite(EN2,110);
}


/*****************************************
        turnRight90()函数——右转90度
***************************************** /
void turnRight90()
{
  while(1)
  {
    digitalWrite(mIN1,HIGH);          // 正转
    digitalWrite(mIN2,LOW);
    analogWrite(EN1,100);
    digitalWrite(mIN3,HIGH);          // 反转
    digitalWrite(mIN4,LOW);
    analogWrite(EN2,100);

    read_sPin();
    if(s[3]==1&&s[4]==0)
      break;                          //跳出循环
  }
}
```

```
/*****************************
        turnLeft90()函数——左转90°
***************************** /
void turnLeft90()
{
  while(1)
  {
    digitalWrite(mIN1,LOW);              //反转
    digitalWrite(mIN2,HIGH);
    analogWrite(EN1,100);
    digitalWrite(mIN3,LOW);               //正转
    digitalWrite(mIN4,HIGH);
    analogWrite(EN2,100);

    read_sPin();
    if(s[0]==0&&s[1]==1)
      break;                               //跳出循环
  }
}


/*******************************
        Stop()函数—停车
*************************** /
void Stop()
{
  digitalWrite(mIN1,LOW);
  digitalWrite(mIN2,LOW);
  digitalWrite(mIN3,LOW);
  digitalWrite(mIN4,LOW);
}
```

3. 程序注解

（1）源代码中橙色语句为项目程序 12 – 1 的修改或增加部分，其他部分与项目程序 12 – 1 完全相同。

（2）turnRight90()函数

turnRight90()函数的功能是控制机器人右转 90°。

①根据项目分析，用无限循环 while(1)语句控制机器人右转。在循环体内，每循环一次就调用函数 read_sPin()读一次灰度传感器的信号，如果条件满足 s[3]==1&&s[4]==0，则跳出循环。

②电动机驱动为左轮正转，右轮反转，以达到减小转弯半径的目的。

13.3   项目体验

本项目的灰度传感器固定及电路搭设与项目 12 – 1 相同，如果需要重新固定灰度传感器及搭

设电路，可参考图 12 – 4、图 12 – 5。

1. 场地布置

根据实训场地的大小，用宽度为 24 mm 的黑色胶带按照图 13 – 1 铺设循迹路线。循迹路线中的弯道半径大于等于 30 cm。

2. 运行程序

上传程序。在实训场地将机器人循迹效果调试到最佳状态。

课后练习

编写程序，用延时函数 delay( ) 控制机器人在 90°弯道上行进，并在弯道上进行检验与调式（用 5 路灰度传感器模块，弯道宽度为 24 mm）。

第4单元
我的蓓乐乐机器人

● 闭环控制机器人设计

第 **14** 课

我的蓓乐乐机器人（一）

【项目 14 – 1】 我的蓓乐乐机器人。蓓乐乐机器人自动抓取物体，然后循迹，将物体搬运到指定地点，如图 14 – 1 所示。

图 14 – 1　我的蓓乐乐机器人

本项目内容共分为两部分：本课内容为第一部分，主要任务是项目程序设计；第 15 课内容为第二部分，主要任务是项目制作与体验。

14.1　项目要点

1. 项目意义

通过项目制作，认识与了解机器人的主要组成系统，锻炼与提高机器人创意、编程、动手方面的能力，为进一步学习机器人技术奠定良好的基础。

2. 项目分析

1）蓓乐乐机器人系统

蓓乐乐机器人由多个系统构成。蓓乐乐机器人主要包括机械结构系统、驱动系统、感受系统、控制系统以及人机交互系统等。

在蓓乐乐机器人的各组成系统中：①机械结构系统由传动部件和机械构件组成；②驱动系统是为机械结构系统提供动力的装置；③感受系统由内部和外部传感器组成，获取内部或外部环境中的有用信息；④控制系统由控制器组成，它的任务是控制执行机构完成规定的任务和功能；⑤人机交互系统是人与蓓乐乐机器人进行联系，参与蓓乐乐机器人控制的装置。

蓓乐乐机器人的组成主要如下。

（1）机械结构系统，包括车体、搬运物体的舵机臂等。

（2）驱动系统，包括教学小车电动机、舵机等。

（3）感受系统，包括超声波传感器、5 路灰度循迹传感器等。

（4）控制系统，包括主控板。

2）项目组成部分

项目 14-1 包括搬运物体与循迹两个部分。

（1）循迹部分。用项目程序 13-1 完成蓓乐乐机器人的循迹功能。项目 14-1 场地布置示意如图 14-2 所示。

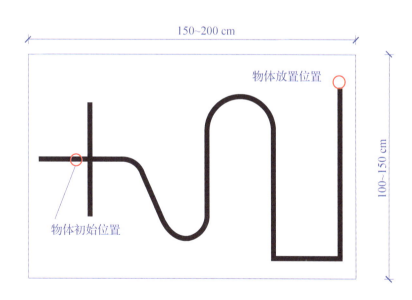

图 14-2　项目 14-1 场地布置示意

（2）搬运物体部分。搬运物体的舵机臂由 1 个肩关节、1 个腕关节组成。先将物体放置在指定位置，用超声波传感器探测物体，然后将物体搬运到指定位置。

3）探测物体位置

将物体放置在图 14-2 所示的红色圆圈位置，用超声波传感器测量物体的距离 d。当 $d \leq L$ 厘米时蓓乐乐机器人停下来抓取物体，如图 14-3 所示。

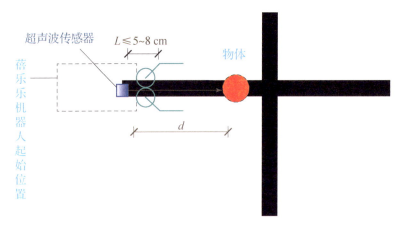

超声波传感器

$L \leqslant 5 \sim 8$ cm

物体

蓓乐乐机器人起始位置

d

图 14-3 蓓乐乐机器人寻找物体示意

14.2 编写程序

1. 编程思路

项目程序 14-1 可以分为 3 个程序模块：执行器和传感器引脚定义模块、循迹模块、搬运模块。进行程序设计时，分别用 3 个自定义函数实现模块功能。

1）执行器和传感器引脚定义模块

由于蓓乐乐机器人需要在 setup( ) 函数中定义的引脚比较多，所以把这些定义作为一个单独的模块处理。在一个自定义函数中定义并初始化电动机、灰度传感器、舵机及超声波传感器信号引脚。

2）循迹模块

将项目程序 13-1 的循迹部分放在循迹模块中，包括读灰度传感器信号及电动机控制。

3）搬运模块

搬运模块实现舵机与超声波传感器的控制，包括超声波传感器探测物体，舵机臂抓取、搬运、放下物体。

程序框架模块如下。

```
//声明文件与变量;

void setup() {
   //调用引脚定义模块函数;
}

void loop() {
   //调用读灰度传感器信号函数
   //调用搬运模块函数;
   //调用循迹模块函数;
}

MotorSensor_pin();   //引脚定义函数
```

```
read_sPin();              //读传感器信号函数
switchF();                //循迹函数
carry(_servo);            //搬运函数(抓取物体)
```

2. 源代码

程序代码如下。

```
/*项目程序14-1*/
#include <Servo.h>
const int mIN1=3;            //声明电动机引脚
const int mIN2=4;
const int EN1=5;
const int mIN3=7;
const int mIN4=8;
const int EN2=6;

const int sPin0=9;            //声明灰度传感器引脚
const int sPin1=10;
const int sPin2=11;
const int sPin3=12;
const int sPin4=13;

const int trigPin=A4;         //声明超声波传感器引脚
const int echoPin=A5;

const int servoP1=A2;         //声明舵机引脚
const int servoP2=A3;

int er=0,i=1;                 //声明偏差变量er、搬运控制变量i
int s[5]={0,0,0,0,0};         //声明数组
Servo servo1,servo2;          //servo1腕关节舵机,servo2臂关节舵机

void setup(){
  MotorSensor_pin();          //调用引脚定义函数
}

void loop(){
  er=read_sPin();             //调用读传感器信号函数
  if(i==1)
    carry();                  //调用搬运函数(抓取物体)
  switchF(er);                //调用循迹函数

}

/********************** *************************
      MotorSensor_pin()——引脚定义模块函数
*********************************************/
void MotorSensor_pin()
{
  pinMode(mIN1,OUTPUT);       //定义电动机引脚模式
  pinMode(mIN2,OUTPUT);
```

```
    pinMode(mIN3,OUTPUT);
    pinMode(mIN4,OUTPUT);

    pinMode(sPin0,INPUT);           //定义灰度传感器引脚模式
    pinMode(sPin1,INPUT);
    pinMode(sPin2,INPUT);
    pinMode(sPin3,INPUT);
    pinMode(sPin4,INPUT);
    pinMode(trigPin,OUTPUT);        //定义超声波传感器引脚模式
    pinMode(echoPin,INPUT);

    servo1.attach(servoP1);         //定义舵机引脚
    servo2.attach(servoP2);

    servo1.write(90);               //初始化舵机角度
    servo2.write(90);
}


/***********************  ************************
    循迹模块:void switchF()等10个函数除 void switchF()
    函数外,其余函数与项目程序13-1完全相同,只列出函数原型。
    功能:读灰度传感器信息、前进、右转、左转、转直角、停车
********************************************** /
void switchF(int er)
{
  switch(er)
  {
    case 0:
      forward(); break;            //直行
    case 1:
      turnRight1(); break;         //右小转
    case 2:
      turnRight2(); break;         //右大转
    case -1:
      turnLeft1(); break;          //左小转
    case -2:
      turnLeft2(); break;          //左大转
    case 3:
      turnRight90(); break;        //右转90°
    case -3:
      turnLeft90(); break;         //左转90°
    case 4:
      Stop();                      //停车
      delay(500);                  //准备放下物体
      servo2.write(90);            //放下物体
      delay(300);
      servo1.write(160);           //松开物体
      delay(300);
      while(1);                    //停止程序往下运行
  }
```

```
  {

int   read_sPin();
void forward()
void turnRight2()
void turnRight1()
void turnLeft2()
void turnLeft1()
void turnRight90()
void turnLeft90()
void Stop()

/*********************************
          搬运模块--carry()函数
          功能:搬运物体
********************************* /
void carry()
{
  int d = 0;
  digitalWrite(trigPin,LOW);        //拉低发射引脚
  delayMicroseconds(2);             //延时2μs
  digitalWrite(trigPin,HIGH);       //发射超声波
  delayMicroseconds(10);            //延时10μs
  digitalWrite(trigPin,LOW);
  d = pulseIn(echoPin,HIGH)/58.0;   //计算距离

  if(d <=20)
  {
    if(d >8)
    {
      servo1.write(160);      //张开舵机臂
      delay(300);
    }
  else if(d <=8)
  {
    Stop();      //停车
    delay(300);
    servo1.write(90);         //抓取物体
    delay(300);
    servo2.write(150);        //提升物体
    delay(300);
    i =0;                     //关闭超声波传感器
  }
  }
}
```

3. 程序注解

　　源代码中与项目程序 13-1 完全相同的函数只列出它的函数原型,编写程序时只要将它们复制到相应的地方就行了。

1) carry( )函数

carry( )函数的功能如下。①探测物体的距离，根据不同的距离执行相应的操作。当 d<=20 cm时，蓓乐乐机器人停下来并张开舵机臂，然后对着物体前进；当 d<=8 cm 时，蓓乐乐机器人停下来抓取物体，并将物体提起来，然后开始循迹。②将物体放到指定地点。当 er=4 时，蓓乐乐机器人停车放下物体。

注意：表达式 d<=8 是根据图 14-3 所示的 L 值确定的。考虑运动的惯性，当教学小车速度比较高时 L 的取值要适当大一点，否则小一点。

2) switchF( )函数

当蓓乐乐机器人将物体搬运到终点后执行 case 4 语句，使蓓乐乐机器人放下物体并停止程序往下运行。

 **课后练习**

1. 机器人主要由哪些系统组成？它们的作用分别是什么？

2. 说说蓓乐乐机器人的各组成系统分别对应哪些构件或元器件。

3. 程序的模块化有什么优点？

第15课

我的蓓乐乐机器人（二）

第14课完成了项目程序14 – 1的编写，本课进行蓓乐乐机器人搭建和项目体验。

15.1 蓓乐乐机器人搭建

（1）固定灰度传感器。

用2根 M3 × 23 mm 铜柱将灰度传感器模块固定在教学小车头部（图15 – 1）。

图 15 – 1　固定灰度传感器

（2）制作肩关节（图15 – 2）。

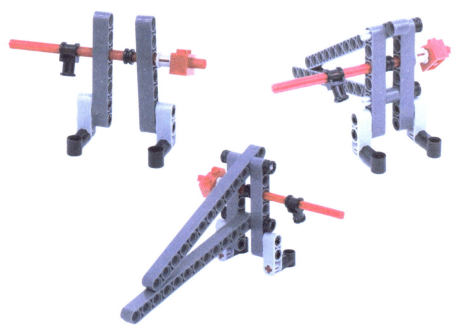

图 15 – 2　制作肩关节

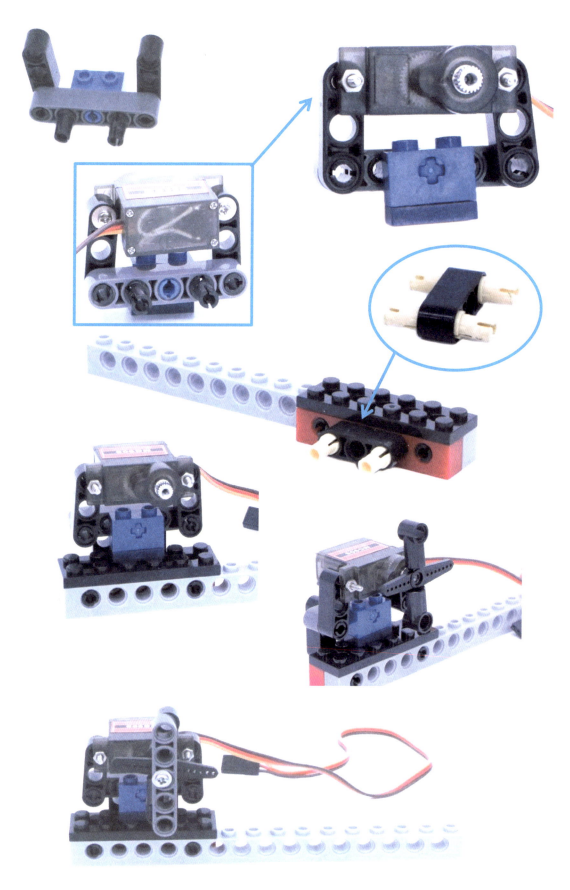

图 15 - 2　制作肩关节（续）

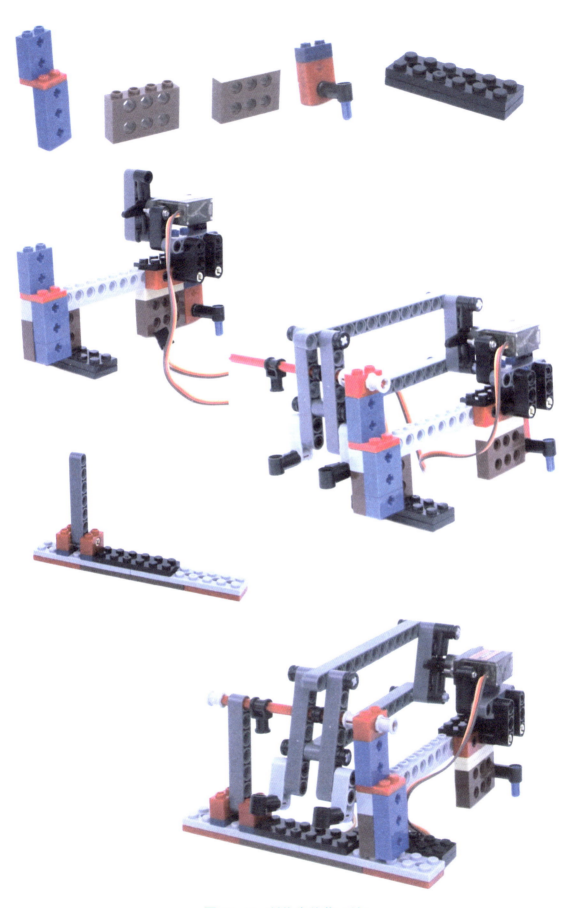

图 15 – 2　制作肩关节（续）

（3）制作腕关节（图 15-3）。

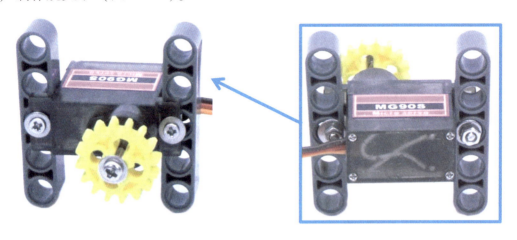

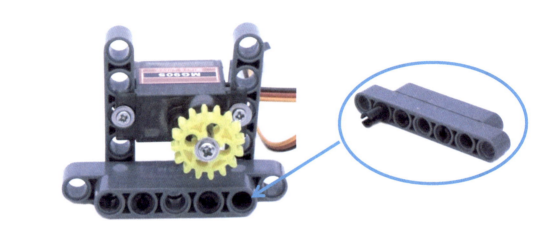

图 15-3　制作腕关节

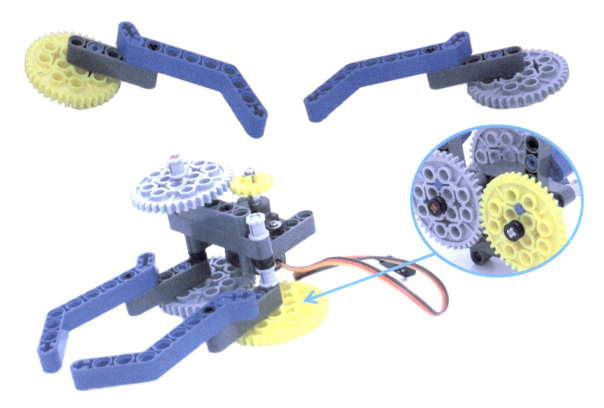

图 15 - 3　制作腕关节（续）

（4）组装（图 15 - 4）。

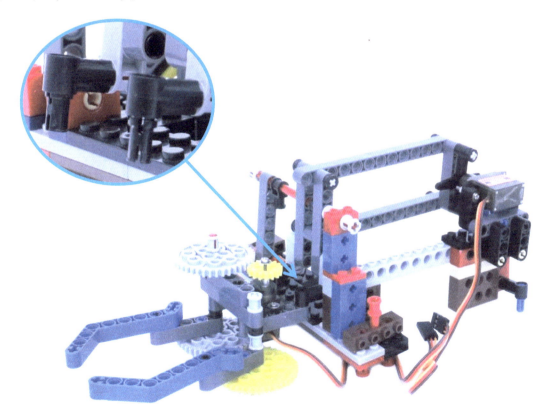

图 15 - 4　组装

图 15 –4　组装（续）

（5）固定超声波传感器（图 15 –5）。

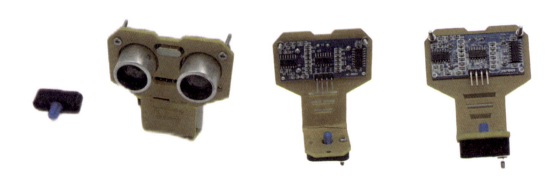

图 15 –5　固定超声波传感器

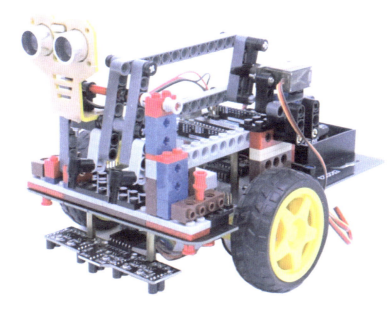

图 15 –5　固定超声波传感器（续）

（6）搭设电路。

①连接灰度传感器。

用 10 cm 跳线将 5 路灰度传感器的引脚 GND、VCC 连接教学小车底部 JS8 引脚接口的引脚 5、6；引脚 L2、L1、M、R1、R2 依次连接 JS7 引脚接口的引脚 7、8、9、10、11。

再从教学小车上部的 JS4 引脚接口将引脚 5（GND）先连接到面包板，引脚 6 连接教学小车的电源引脚 VCC；从 JS3 引脚接口将引脚 7、8、9、10、11 依次连接主控板的引脚 9、10、11、12、13。

②连接教学小车电动机。

从教学小车左前方的 JP1 引脚接口将引脚 IN1、IN2、EN1、EN2、IN3、IN4 依次连接主控板的引脚 3、4、5、6、7、8。

③连接舵机。

将舵机 servo1、servo2 的信号线（黄色）依次连接主控板的引脚 A2、A3；电源线（红色）先连接到面包板，再从面包连接教学小车的电源引脚 VCC；电源地线（橙色）在面包板上与灰度传感器的接地引脚连接。

④连接超声波传感器。

将超声波传感器的电源引脚 VCC 连接教学小车的电源引脚 VCC；引脚 Trig 连接主控板的引脚 A4；引脚 Echo 连接主控板的引脚 A5；引脚 GND 在面包板上与舵机的接地引脚连接，再连接主控板的引脚 GND。

⑤连接电源。

将教学小车的电源引脚 VCC、GND 对应连接主控板的引脚 5 V、GND。

项目程序 14 –1 电路搭设示意如图 15 –6 所示。

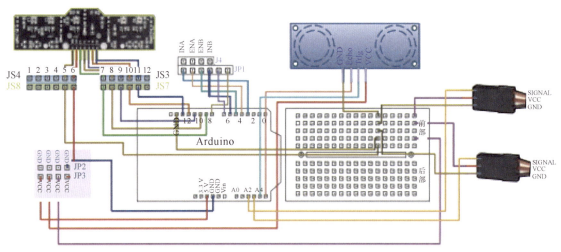

图 15-6　项目程序 14-1 电路搭设示意

15.2　项目体验

1. 场地布置

场地布置见第 14 课的图 14-2。可用空纯净水瓶或适合搬运的物件作为被搬运物体。

2. 运行程序

上传程序。先将项目程序 13-1 中的 9 个循迹函数复制到项目程序 14-1 中相应的函数原型处，然后上传程序 14-1。

将蓓乐乐机器人放置在图 14-2 所示的起始位置，打开教学小车电源开关，蓓乐乐机器人开始循迹并搬运物体，如图 15-7 所示。

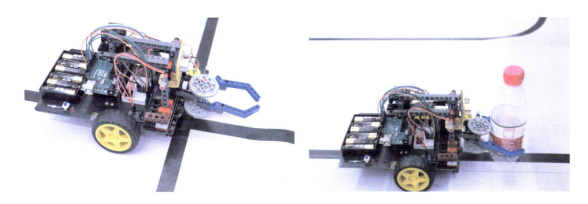

图 15 – 7　我的蓓乐乐机器人体验

课后练习

修改项目程序 14 – 1 中的 carry( ) 函数：蓓乐乐机器人放下物体后任意后退 1500 ms，然后 servo1 舵机臂回到初始状态。

参 考 文 献

［1］中国电子学会普及工作委员会. 机器人基础技术教学［M］. 北京：《电子制作》杂志社，2021.

［2］中国电子学会，上海享渔教育科技有限公司. 智能硬件项目教程［M］. 北京：航空航天大学出版社，2018.